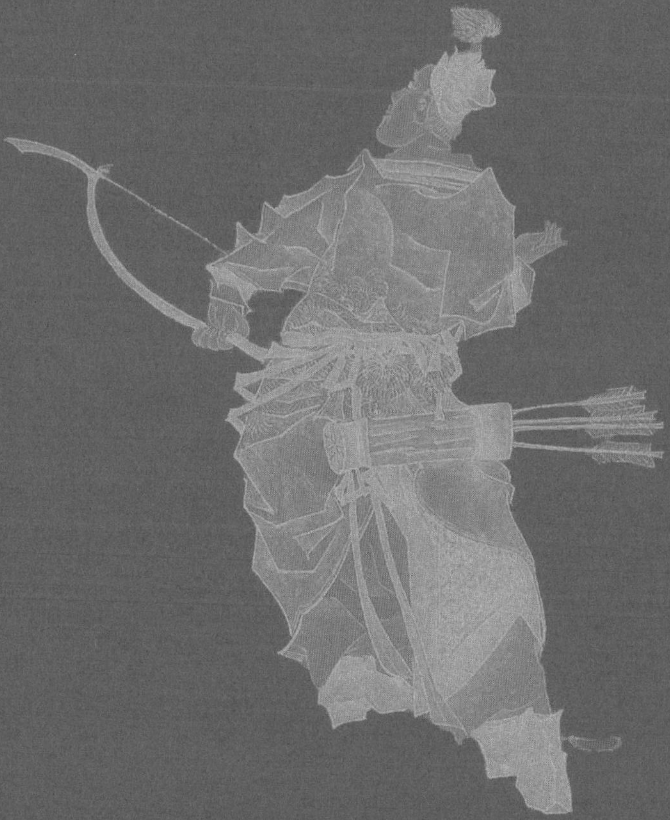

고사성어가 열리는

천자문 나무

팬더 컬렉션 / 엮음

圖書出版 明文堂

머리말

요즈음 우리나라에서는 2천여 년 동안 사용해왔던 한자가 반세기도 채 안 되는 기간에 완전히 외국어가 되어버린 듯한 생각이 든다. 한글 전용정책과 서구학문에 지나치게 경도되어 한학을 공부하는 학문의 맥이 끊어지다시피 한 것이다.

우리말에서 한자어의 비중이 절대적이므로 한자어의 정확한 뜻을 이해하기 위해 한자를 함께 표기하는 건 중요하다. 표준국어대사전에 실린 표제어 약 51만 개 가운데 한자어는 58.5%로 한글 고유어(25.5%)의 두 배가 넘는 것이 현실이다.

이제 중국은 그 옛날 대국의 명성을 다시 찾아가며 마침내는 미국 다음가는 경제대국으로 부상하고 있다.

지금껏 우리나라에서는 공공연히 영어의 공용화 주장까지 나오는 판에 제2의 우리글이기도 하였던 한자를 병행해서 사용하지 못할 이유가 무엇인가? 중국이 세계 최대 경제대국이 되는 것도 시간문제인 지금에 와서 조금만 더 관심을 기울여 공부하면 2천 년을 사용해 왔던 한자를 더욱 친숙하고 쉽게 이해할 수 있지 않을까?

한글은 세종대왕께서 창제한 세계에서도 가장 훌륭한 우리글임은 누구나 다 알고 있다. 한글과 한자는 상호보완적인 관계라 할 수 있다. 한글은 음을 표기하는 데 탁월한 기능을 가지고 있고, 한자는 뜻을 나타내는 데 뛰어난 기능이 있으므로 한글과 한자를 나란히 씀으로써 낱말에 대해 다시 한 번 생각하게 하는 여지를 남기고, 생각하는 습관을 기르게 한다. 따라서 이 둘을 함께 쓰면 금상첨화(錦上添花)일 것이다.

어느 영문학자는, “영어를 무분별하게 사용함으로써 한글문화가 천박해졌다는 소리는 들어보았으나, 한자를 사용해서 한글의 수준이 낮아졌다는 얘기는 들어보지 못했다.” 고 말하고 있다.

그런데 참으로 놀랍게도 한자 또한 고대 우리 민족이었던 동이족(東夷族)이 만들었다는 주장이 제기되고 있다.

중국의 일부 유명 학자들까지도 한자라는 뜻글자를 창제한 민족이 동이족임을 밝히고 있다. 주역의 괘(卦)를 만든 복희씨가 동이족이고, 최초의 한자라고 일컬어지는 갑골문자 또한 동이족이 세운 은(殷)나라의 문자이기 때문이다. 또한 낱글자 속에 담긴 상수리(象數理)의 이치에 의해 동이족이 한자를 만들었음을 밝혔다.

천자문 대서사시(大敍事詩)

《천자문(千字文)》은 흔히 한문을 처음 배우는 사람을 위한 입문서로 알려져 있지만, 그 내용은 단순한 교습서를 넘어 우주와 자연의 섭리, 인간의 도리와 처세의 교훈 등 삼라만상을 함축하여 망라하고 있다.

《천자문》은 중국 남조(南朝) 양(梁)나라 무제 때의 관료인 주흥사(周興嗣, 470?~521)가 글을 짓고 동진(東晉)의 왕희지(王羲之)의 필적 중에서 해당되는 글자를 모아 만들었다고 하며, 사언고시(四言古詩) 250구(句), 합해서 1,000자가 각각 다른 글자로 되어 있다.

황제의 명으로 주흥사가 이 글을 하룻밤 만에 지은 뒤 머리가 하얗게 셌다는 전설과 함께 「백수문(白首文)」이라는 별칭이 있다.

내용은 「천지현황(天地玄黃)」에서 시작하여 「언재호야(焉哉乎也)」로 끝난다. 당나라 이후 급격히 보급되어 많은 서가(書家)에 의하여 써졌으며, 그 중에서도 습자교본으로 가장 유명한 것은, 왕희지의 7대손 지영(智永)이 진서(眞書 : 楷書)와 초서(草書) 두 체로 쓴 《진초천자문(眞草千字文)》 본으로 1109년에 새긴 석각(石刻)이 전하고 있다.

천자문이 한국에 전해진 연대는 확실치 않으나 백제 때 왕인(王仁)이 《논어(論語)》 10권과 함께 이 책 1권을 일본에 전했다는 기록으로 보아 이보다 훨씬 전에 들어온 것으로 추측된다.

우리나라에서 가장 널리 알려진 천자문은 명필 한호(韓濩, 호는 石峯)의 글씨로 1583년 서울에서 간행된 《석봉천자문》이다.

천자문을 배우는 데 있어, 막연히 그냥 외우는 것은 무척 지루할 뿐더러 이해하기도 쉽지 않다. 그래서,

「천자문을 어떻게 하면 재미있고 쉽게 배울 수 있을까?」 하고 생각한 끝에 천자문과 아울러, 교훈 · 경구 · 비유 · 상징어 및 관용구나 속담 등으로 사용되어 일상 언어생활에서의 표현을 풍부하게 해주는 촌철살인의 명언 「고사성어」를 연결해서 공부하면 어떨까 하는 생각에서 《고사성어가 열리는 **천자문 나무**》라는 책을 만들어 보았다.

「천자문 나무」에는 1,000개의 천자문에 가까운 글자 수만큼의 고사성어가 열려 있다. (*글자의 특성상 고사성어가 아닌 단어인 경우도 극히 드물지만 포함되어 있다)

아래 <천자문 나무>는,

「강도와 도적을 죽이고 베며,
반역하고 달아나면 잡아서 벌한다」

주 참 적 도 포 획 반 망
誅斬賊盜 捕獲叛亡

이렇게 4언고시로 된 천자문 한 자 한 자마다 고사성어가 연계되어 있음으로 해서 이 나무 전체를 머릿속에 기억하는 방식으로 「천자문」과 「고사성어」를 함께 기억할 수 있는 일석이조의 공부 방법인 것이다.

목차

모 시 숙 자 　공 빈 연 소
118. 毛施淑姿 工嚬姸笑 : 모장과 서시는 아름다운 자태를 지녀서 웃어도 예쁘고 찡그려도 남이 흉내냈다 / 72

모 수 자 천 　도 행 역 시 　요 조 숙 녀 　포 류 지 자 　십 년 공 부 　서 시 빈
{毛遂自薦 / 倒行逆施 / 窈窕淑女 / 蒲柳之姿 / 十年工夫 / 西施嚬
목 　공 빈 연 소 　오 십 보 소 백 보
目 / 工嚬姸笑 / 五十步笑百步}

연 시 매 최 　희 휘 랑 요
119. 年矢每催 羲暉朗耀 : 세월은 화살과 같아 매양 재촉하는데, 아침 햇살은 언제나 밝고 빛나는구나 / 88

백 년 해 로 　효 시 　하 면 목 견 지 　등 태 산 이 소 천 하 　위 편 삼 절 　촌 초
{百年偕老 / 嚆矢 / 何面目見之 / 登泰山而笑天下 / 韋編三絶 / 寸草
춘 휘 　사 인 선 사 마 　수 청 무 대 어
春暉 / 射人先射馬 / 水淸無大魚}

선 기 현 알 　회 백 환 조
120. 璇璣懸斡 晦魄環照 : 선기옥형은 달려있는 채 돌고 어두워졌다가 다시 밝아져 순환하여 비춘다 / 104

천 망 회 회 　선 기 현 알 　묘 항 현 령 　의 심 생 암 귀 　도 광 양 회 　가 빈 낙
{天網恢恢 / 璇璣懸斡 / 猫項懸鈴 / 疑心生暗鬼 / 韜光養晦 / 家貧落
백 　결 초 함 환 　회 광 반 조
魄 / 結草銜環 / 回光返照}

지 신 수 우 　영 수 길 소
121. 指薪修祐 永綏吉邵 : 섶나무 불씨를 가리켜 선행을 닦아 복이 옴을 비유하니 길이 편안하고 길상(吉祥)이 높아지리라 / 118

식 지 동 　부 신 구 화 　아 수 라 장 　지 신 수 우 　영 원 불 멸 　이 목 지 신
{食指動 / 負薪救火 / 阿修羅場 / 指薪修祐 / 永遠不滅 / 移木之信
길 흉 화 복 　무 항 산 무 항 심
/ 吉凶禍福 / 無恒產無恒心}

구 보 인 령 　부 앙 랑 묘
122. 矩步引領 俯仰廊廟 : 자로 잰 듯 법도대로 걷고 옷깃은 얌전하게 여미고, 조정에서는 깊이 생각하여 일을 처리해야 한다 / 130

혈 구 지 도 　칠 보 지 재 　착 벽 인 광 　선 우 후 락 　부 앙 불 괴 　앙 인 비 식
{絜矩之道 / 七步之才 / 鑿壁引光 / 先憂後樂 / 俯仰不愧 / 仰人鼻息
굴 묘 편 시 　부 앙 낭 묘
/ 掘墓鞭屍 / 俯仰廊廟}

千字文 나무

113. 驢騾犢特 駭躍超驤 (여라독특 해약초양) 驴骡犊特 骇跃超骧

❶ 黔(검) 驢(려) 技(기) 窮(궁)

❷ 驢(여) 騾(라) 犢(독) 特(특)

❸ 賣(매) 劍(검) 買(매) 犢(독)

❹ 特(특) 立(립) 獨(독) 行(행)

❺ 駭(해) 怪(괴) 罔(망) 測(측)

❻ 鳶(연) 飛(비) 魚(어) 躍(약)

❼ 駭(해) 躍(약) 超(초) 驤(양)

❽ 龍(용) 驤(양) 虎(호) 視(시)

풀이

❶ 黔驢技窮 (검려기궁)

黔驴技穷 검을 **黔** 나귀 **驢** 재주 **技** 궁할 **窮**

쥐꼬리만한 재주마저 바닥이 남.

당의 유명한 문장가인 유종원(柳宗元)은 일찍이 유명한 우화 세 편을 지었는데 이를 「삼계(三戒)」라고 부른다. 그 가운데 한 편인 「귀주나귀(黔驢)」의 내용을 소개한다.

유종원

옛날에 어떤 사람이 나귀가 나지 않는 귀주지방에 나귀 한 마리를 배로 실어 갔다가 쓸모가 없어 산기슭에 그대로 방치해 두었다. 이때 호랑이 한 마리가 숲속에 숨어 있다가 처음 보는 그 나귀를 찬찬히 살펴보았다. 그 웅장한 체구에 기가 죽어 그저 멀리서 바라다보기만 하고 있었다. 그런데 갑자기 나귀가 큰 소리로 우는 바람에 호랑이는 어찌나 놀랐던지 넋이 달아날 지경이었다.

호랑이는 이튿날도, 또 그 다음날도 여전히 숲속에 숨어서 나귀를 찬찬히 관찰했다. 그렇게 며칠이 지나도 호랑이는 나귀에게서 별다르게 대단한 그 무엇을 발견하지 못했다. 그래서 마침내 호랑이는 나귀의 몸 가까이까지 다가가서 이리저리 건드려 보았다. 자기 몸을 건드리는 호랑이에게 약이 오른 나귀는 노하여 뒷발질을 해댔다. 이에 호랑이는 나귀의 재주가 고작 그것뿐임을 알고 졸지에 나귀를 덮쳐 잡아먹고 말았다.

이 이야기는 아무 능력도 없이 큰소리만 치다가는 그 결과가 참담하다는 것을 우리에게 말해주고 있다. 쥐꼬리만 한 재주를 가리켜 「검려지기(黔驢之技)」라고 하며, 그런 재주마저 바닥이 드러났음을 일컬어 「검려기궁」이라고 한다.

❷ 驢騾犢特(여라독특) 驴骡犊特 나귀 **驢** 노새 騾 송아지 **犢** 수소 **特**

「나귀와 노새, 송아지와 황소는 놀라서 날뛰며 훌쩍 뛰어넘어 달린다(驢騾犢特 駭躍超驤)」

《천자문》에 있는 말이다.

나귀(驢)와 노새(騾), 송아지(犢)와 황소(特)는 놀라기를 잘하여 놀라면(駭) 훌쩍 뛰어(躍超) 내달리곤(驤) 한다.

후 직

고대 중국에서는 나귀나 노새는 북방의 유목민족이나 기르는 하찮고 이상한 동물로 취급했으며, 심지어 쓸모없는 인간 무리를 일컬어 「여라(驢騾)」라고까지 불렀다. 반면 송아지나 소는 농경사회에서는 없어서는 안 되는 중요한 동물이었다.

또한 하늘의 신인 상제(上帝)와 땅의 신인 후직(后稷)에게 올리는 제사의 교제(郊祭)에 사용하는 희생물로 사용한 동물 역시 송아지나 소였다. 그리고 천자가 천하를 순행할 때 방문한 제후국의 제후는 반드시 송아지를 잡아서 천자를 대접해야 했다.

송아지나 소는 농사를 위해서도 꼭 있어야 할 가축이었을 뿐만 아니라 국가나 가문의 제례를 치르기 위해서는 반드시 있어야 하는 동물이었다.

《예기(禮記)》 곡례편에서는 「백성들이 잘살고 못사는 것을 물으면 가축의 수효로써 이에 대답한다(問庶人之富 數畜以對)」라고 하였다. 가축이 번성한다는 것은 그만큼 농민이 부(富)하고 통치자는 선정(善政)을 하고 있다는 증거이다.

❸ 賣劍買犢(매검매독) 卖剑买犊 팔 **賣** 칼 **劍** 살 **買** 송아지 **犢**

검(劍)을 팔아 소를 산다는 뜻으로, 전쟁을 그만두고 고향으로 돌아감을 비유한 말이다.

한나라 선제(宣帝) 때 발해군(渤海郡) 일대에 기근이 들자, 끼니를 굶은 농민들이 들고 일어나기 시작했다. 그러나 그곳의 태수는 이를 다스릴 방법이 없었다.

선제는 일을 감당할 수 있는 사람을 고르려고 하자, 대신들은 모두 공수를 천거하였다. 당시 공수는 70세가 넘은 나이였다.

공수(龔遂)의 자는 소경(少卿), 산양 남평현 출신이다. 창읍(昌邑)의 낭중령(郎中令)을 지냈다. 창읍왕 유하(劉賀)의 행동이 올바르지 않자 간쟁을 하다가 눈물을 흘릴 정도로 강직하며 절개를 지킨 인물로 「순리열전(循吏列傳)」에 실려 있다. 전한 선제시대에 발해군 태수가 되어 기근을 다스렸다.

선제는 늙고 왜소한 공수를 보고 물었다.

「발해에 변고가 생겼는데, 짐은 걱정이 크오. 그대는 그곳에 가서 어떻게 도적들을 평정할 것이오?」

공수가 대답했다.

「그곳의 백성들은 추위와 굶주림으로 고통을 받고 있으나, 관리들이 오히려 그들을 보살피지 않고 있기 때문에 그들은 무기를 들고 나선 것입니다. 지금 폐하께서 저를 보내시는 것은 그들을 평정하라는 것입니까, 아니면 그들을 위로하라는 것입니까?」

공 수

선제는 그의 말을 듣고 매우 만족스럽게 말했다.

「유능한 사람을 골라 보내는 것은 당연히 위로하고자 하기 때문이오」

공수가 다시 말했다.

「소신이 듣건대, 혼란한 백성들을 다스리는 것은 마치 엉킨 실을 푸는 것과 같아서 서두르면 안 되고, 천천히 임하여야만 수습이 된다고 봅니다. 폐하께서 저를 보내주시기를 원합니다」

선제는 이를 수락하였다.

공수는 발해군에 도착하자, 각 현에 공문을 보내 농민봉기를 진압하던 관리들을 파면하였다. 공수는 그 공문에서, 농기구를 든 사람들은 모두 농민이므로 관리들은 그들을 해치지 말라고 지시하였다.

백성들이 봉기하였던 것은 본시 관리들의 핍박 때문이었다. 농민들은 공수의 명령을 알고, 모두 무기를 버리고 농기구를 들고 일을 시작하였다.

공수는 양곡창고를 열어 농민들을 구제하는 동시에, 일부 청렴한 관리들을 보내 백성들을 위로하게 하였다. 얼마 되지 않아 발해군은 평정을 되찾았다.

한편 공수는 이 지역의 사치풍조를 보고 직접 나서서 근검절약을 실천하며 백성들에게 농사일을 권하였다. 그는 각 농가에 나무와 채소를 심고, 두 마리의 돼지와 다섯 마리의 닭을 키우도록 했다.

그는 칼을 차고 다니는 사람들을 보면, 그에게 칼을 팔아 소를 사도록 권했다(民有帶持劍者 使賣劍買牛 賣刀買犢).

❹ 特立犢行 (특립독행)

特立独行 황소 **特** 설 **立** 홀로 **獨** 다닐 **行**

자신의 주관(主觀)과 소신을 확고부동하게 세우고 관철시켜서 남의 도움이 없이 떳떳하게 세상에 나가는 것.

《예기(禮記)》 유행(儒行)편에 나오는 말이다. 유행편은 공자가 노(魯)나라 애공(哀公)을 위하여 선비의 행실을 열거한 대목이다.

대강을 살펴보면, 선비란 크게는 사람의 떳떳한 기개를 나타낼 것과 작게는 깊고 두터운 뜻을 마음속에 포용해야 함에도 그 의의를 후세의 선비들이 완전히 깨닫지 못하고 오로지 그 지식만을 뽐내려 하기 때문에 공자가 유행편을 말하였다.

애공이 공자에게 물었다.

공 자

「선생께 선비의 행실을 묻고자 합니다」

공자가 대답했다.

「선비는 덕(德)으로써 몸을 씻어야 하고, 임금께 간언(諫言)을 올릴 때에도 임금이 알 듯 모를 듯하게 하여 차근차근 잘못된 것을 바로잡아 가야 합니다. 또한 세상이 어지럽다고 해서 자기를 막지 않고, 세상의 뜻이 자기의 뜻과 같다고 해서 부화뇌동(附和雷同)하지 않으며, 다르다고 해서 비난하지 않으니 이처럼 자신의 뜻을 굳건히 세워 스스로 세상에 나아가는(特立獨行) 이가 곧 선비입니다」

❺ 駭怪罔測 (해괴망측)

骇怪罔测 놀랄 **駭** 기이할 **怪** 없을 **罔** 헤아릴 **測**

헤아려 말할 수 없이 매우 괴상하고 이상야릇함.

❻ 鳶飛魚躍 (연비어약)

鸢飞鱼跃 솔개 **鳶** 날 **飛** 물고기 **魚** 뛸 **躍**

자연스럽게 하늘에 솔개가 날고 물속에서 고기가 뛰노는 것과 같은

천지조화의 오묘함을 일컫는 말. 《시경》

❼ 駭躍超驤 (해약초양)

骇跃超骧 놀랄 **駭** 뛸 **躍** 넘을 **超** 달릴 **驤**

「나귀와 노새, 송아지와 황소는 놀라서 날뛰며 훌쩍 뛰어넘어 달린다(驢騾犢特 駭躍超驤)」 ❷항 참조.

《천자문》에 있는 말이다.

임금의 부(富)는 토지와 산과 연못에서 나오는 수확량을 가지고 판단하고, 대부의 부는 식읍(食邑)과 집사 그리고 식읍의 백성들이 부담하는 세금을 가지고 판단하고, 선비의 부는 수레의 수로 판단한다. 그리고 마지막으로 일반 백성의 부는 가축의 수를 가지고 판단한다.

❽ 龍驤虎視 (용양호시)

龍骧虎视 용 **龍** 뛰어오를 **驤** 범 **虎** 볼 **視**

용과 같이 하늘 높이 오르고, 범이 먹이를 노려보듯 천하를 바라다봄. 곧 영웅의 일세(一世)를 웅시하는 태도를 이름. 《후한서(後漢書)》 촉지.

114. 誅斬賊盜(주참적도) 捕獲叛亡(포획반망) 诛斩贼盗 捕获叛亡

❶ 苛(가) 斂(렴) 誅(주) 求(구)

❷ 泣(읍) 斬(참) 馬(마) 謖(속)

❸ 開(개) 門(문) 納(납) 賊(적)

❹ 鷄(계) 鳴(명) 狗(구) 盜(도)

❺ 捕(포) 風(풍) 捉(착) 影(영)

❻ 猶(유) 獲(획) 石(석) 田(전)

❼ 捕(포) 獲(획) 叛(반) 亡(망)

❽ 未(미) 亡(망) 人(인)

풀이

❶ 苛斂誅求

가렴주구

苛敛诛求　　매울 **苛** 거둘 **斂** 벨 **誅** 구할 **求**

가혹하게 세금을 거두거나 백성의 재물을 억지로 빼앗음.

지방 관리들이 혹독하게 세금을 거두어들임으로써 백성들이 살아가기 힘든 정치적 상황을 나타내는 말이다.

비슷한 고사성어로 「가정맹어호(苛政猛於虎)」가 있다.

《예기》 단궁하편(檀弓下篇)에 있는 공자가의 말 가운데 「가혹한 정치(苛政)는 범보다 무섭다」 고 한 말이 있다.

하루는 공자가 제자들과 함께 태산(泰山) 부근을 지나가고 있었다. 그곳은 사람들이 그리 많이 다니는 길 같지는 않았다. 그 때 어디선가 여인의 울음소리가 들려왔다. 이상하게 여긴 제자들이 울음소리를 따라가 보았다. 그곳에는 한 부인이 세 개의 무덤 앞에서 슬피 울고 있는 것이었다. 공자는 수레에 조용히 앉아 있다가 제자인 자로(子路)를 보내 연유를 물어 보라고 했다.

「부인의 울음소리를 가만히 들으니, 아무래도 여러 번 슬픈 일을 당한 것 같은데, 무슨 사연이라도 있습니까?」

부인은 울음을 그치고 대답했다.

「네, 이곳은 범의 피해가 아주 심한 곳입니다. 오래 전에는 제 시아버지께서 범에게 물려 돌아가셨고, 얼마 전에는 제 남편 또한 범에게 물려 죽었는데, 이번엔 제 자식이 또 범에게 물려 죽고 말았습니다」

공자는 부인의 말을 듣자,

「그러면 어째서 이 무서운 고장을 떠나지 못하는 거요?」

자 로

하고 반문했다. 그러자 부인이 대답했다.

「그래도 이 고장에는 가혹한 정사(政事)가 없기 때문이지요」

공자는 자못 느낀 바가 있어 제자들을 유심히 둘러본 뒤 말했다.

「너희들은 명심해 두어라. 가혹한 정치는 백성들이 범보다도 더 무서워한다는 것을」

가혹한 정치란, 백성들을 달달 볶아 못 견디게 하는 정치를 말한다.

「가렴주구(苛斂誅求)」란 바로 「가정(苛政)」의 구체적인 설명이라 하겠다. 낼 능력도 없는데 시도 때도 없이 거둬들이는 것이 「가렴」이고, 정당한 법적 근거도 없이 강제성을 띤 요구가 「주구」다.

범에게 물려죽을 때는 죽더라도 우선 아침저녁으로 시달릴 걱정을 않게 되니 순진하고 선량한 백성들은 첫째 마음이 편한 것이다.

이 이야기의 배경은 춘추시대 말엽이다. 이때 노(魯)나라에서는 대부 계손씨(季孫氏)가 조정의 실권을 쥐고 흔들며 혹독한 정치를 하고 있었다. 이렇다 보니 자연 백성들은 덜 가혹한 지방을 찾아 이곳저곳으로 내몰리게 되고 말았다.

위정자를 잘못 만나면 도무지 피해나갈 구멍도 없이 수탈을 당하는 일이 예사였다. 범이야 조심하면 되지만 가렴주구는 조심해서 될 일이 아니기 때문이다.

이 같은 이야기의 당나라 판이라고도 할 문장이 있다. 그것은 당송팔대가의 한 사람인 유종원(柳宗元, 773～819)의 《포사자설(捕蛇者說)》

이다. 이것은 사나운 뱀의 이야기로서 공자의 말을 인용하고 나서, 「아아, 누가 가렴주구의 해독이 이 사나운 뱀보다 더 심하다는 것을 알랴!」하고 끝을 맺고 있다.

❷ 泣斬馬謖(읍참마속) 泣斩马谡 울 泣 벨 斬 말 馬 뛰어날 謖

제갈량이 눈물을 흘리며 마속을 사형에 처했다는 기록에서 생겨난 말로, 대중을 이끌어 나가고 법을 집행하는 사람은 사사로운 인정을 떠나 공정한 법운용을 해야 한다는 말로 흔히 인용되는 말이다.

제갈량이 제1차 북벌(北伐)을 했을 때다. 제갈량은 대군을 이끌고 기산(祁山)으로 출격을 하여, 적의 작전을 혼란시키기 위해 장안 서쪽에 있는 미(郿)를 친다고 선언하고 조운(趙雲 : 자룡)과 등지(鄧芝) 두 장수를 기곡에다 진을 치게 했다.

제갈무후

한편 위(魏)의 명제는 남방의 오(吳)나라와의 국경선에 진치고 있던 장합을 불러올려 급히 기산으로 향하게 했다. 장합은 위수(渭水) 북쪽에 있는 요충지인 가정(街亭)에서 촉나라 선봉과 충돌, 이를 단번에 격파하고 말았다. 이 가정의 지휘 책임자가 바로 마속이었다. 그는 제갈량의 지시를 어기고 자기의 얕은 생각으로 임의로 행동했기 때문에 패한 것이다. 제

읍참마속 벽화

갈량의 작전은 이 가정이 무너짐으로써 완전 실패로 돌아가고 부득이 전면 철수를 해야만 했다.

「한중으로 돌아온 제갈량은 마속을 옥에 가두고 군법에 의해 그를 사형에 처했다. 제갈량은 그를 위해 눈물을 흘렸다. 마속의 나이 그때 서른아홉이었다」 고 《촉지》 마속전에 나와 있다.

또 《촉지》 제갈량전에는 다음과 같이 기록되어 있다.

「마속은 제갈량의 지시를 어기고 자기 멋대로 행동했기 때문에 장합에게 크게 패했다. 제갈량은 한중으로 돌아오자 마속을 참하고 장병에게 사과를 했다」

한편 촉나라 서울 성도에서 한중으로 온 장완(蔣琬)이 제갈량을 보고 말했다.

「앞으로 천하를 평정하려 하는 이때에 그런 유능한 인재를 없앴다는 것은 참으로 아까운 일입니다」

그러자 제갈량은 눈물을 흘리며 말했다.

「손무(孫武)가 항상 싸워 이길 수 있었던 것은 군율을 분명히 했기 때문이다. 이 같은 어지러운 세상에 전쟁을 시작한 처음부터 군율을 무시하게 되면 어떻게 적을 평정할 수 있겠는가!」

이 사건을 《삼국지연의》 에서는 보다 재미나게 꾸미면서 한 편 제96회의 사건 제목을 「공명휘루참마속(孔明揮淚斬馬謖)」 이라고 했다.

눈물을 뿌렸다(揮淚)는 말은 울었다(泣)는 말로 바뀌어 「읍참마속」이란 말이 널리 쓰이게 된 것이다.

❸ 開門納賊 (개문납적) 开门纳贼 열 開 문 門 들일 納 도둑 賊

「문을 열어 도둑이 들어오게 한다」는 뜻으로, 스스로 재난을 불러들이는 어리석음을 이르는 말.

《삼국지》 오지(吳志)에 있는 이야기다.

후한(後漢)시대 오(吳)나라 군주 손책(孫策)은 젊은 나이로 큰 야망을 품고 세력을 점차 키워 나갔다. 오군(吳郡) 태수 허공(許貢)은 손책이 장차 나라의 큰 걱정거리가 되지 않을까 염려하여, 황제에게 몰래 상소문을 올렸다. 적당한 벼슬로 손책을 도성에 불러올려 붙들어 두게 하려는 속셈이었다. 그런데, 상소문을 가지고 가던 사람이 공교롭게도 검문에 걸리는 바람에 상소문이 손책의 손에 들어가고 말았다. 상소문을 읽어본 손책은 머리끝까지 화가 났다.

「허공 이놈이 나와 무슨 원수가 졌다고 내 앞길을 막으려 한단 말인가!」

손책은 그런 일을 모른 척하고 허공을 집으로 초청했다. 아무것도 모르는 허공이 찾아오자, 크게 꾸짖으며 그를 단칼에 쳐 죽이고 말았다. 그뿐 아니라 허공의 가족들까지도 무참히 죽여 버렸다.

이 때, 허공의 수하에서 식객으로 지내던 세 명의 무사가 백성들 속에 숨어 들어갔다. 이들은 손책을 죽여 허공의 원한을 풀어 주려고 이를 갈고 있었다.

손 권

어느 날 손책이 사냥을 나가자, 이들은 짐짓 몰이꾼으로 따라 나가서 적당한 곳에 숨어 기회를 노렸다. 말을 타고 사슴을 쫓던 손책이 마침내 자기들 쪽으로 달려오자, 세 사람은 비호처럼 뛰어나가 기습 공격했다.

「이 악독한 놈! 허태수의 원수를 갚으리라!」

손책은 깜짝 놀라 칼을 뽑으려 했으나, 너무 서두르는 바람에 칼은 칼집에서 나오지 않고 손잡이만 쏙 빠지고 말았다. 당황한 손책은 활대를 무기삼아 휘두르며 필사적으로 대항했으나, 온몸에 상처를 입고 말았다. 부하 장수들이 조금만 늦게 달려왔어도 손책은 그 자리에서 죽고 말았을 것이다.

손책은 겨우 목숨을 건져 성으로 돌아갔지만, 상처가 악화되었다. 자기 목숨이 다한 것을 직감한 손책은 아우 손권(孫權)을 불러 말했다.

「인재를 찾아 쓰고 나라를 다스리는 일은 네가 나보다 나을 것이다. 지금 천하가 몹시 어지러우니, 기회를 틈타 큰일을 이루기 바란다」

곧 손책은 숨을 거두었고, 손권은 오나라 주인이 되었다. 그러나 손권은 비탄에 잠겨 눈물만 흘렸다.

이 때, 책사 장소(張昭)가 따끔하게 충고했다.

「주군, 언제까지 그렇게 슬퍼만 하실 겁니까? 그건 『문을 열고 절하여 도둑을 불러들이는 것(開門而揖盜)』과 같습니다」

손권은 그 말을 듣고 크게 깨달았다. 그 후 오나라는 손권의 지휘 아래

단결하여 힘을 키워, 삼국정립의 시대를 맞게 되었다.

❹ 鷄鳴狗盜 (계명구도) 鷄鳴狗盜 닭 鷄 울 鳴 개 狗 도적 盜

닭의 울음소리를 잘 내는 사람과 개의 흉내를 잘 내는 좀도둑이라는 뜻으로, 천한 재주를 가진 사람도 때로는 요긴하게 쓸모가 있음을 비유하여 이르는 말. 또는 야비하게 남을 속이는 꾀를 비유한 말.

《사기》 맹상군열전(孟嘗君列傳)에 있는 이야기다.

전국시대 말에는 집도 절도 없이 떠돌아다니는 유랑객들이 판을 치던 시대이기도 하다. 그들은 그들대로의 조직과 의리라는 것을 가지고 있어서 모든 정보를 서로 알려 주는 한편, 한번 남의 신세를 지면 목숨도 아끼지 않는 의기를 보여 주곤 했다. 그들은 보통 식객(食客)이란 이름으로 세도 있고 돈 많은 귀족 집에 얹혀살고 있었는데, 당시 식객이 3천 명을 넘은 귀족이 넷이었다 해서 사군시대(四君時代)라 불리기까지 했다. 이 4군 중에서도 가장 유명한 사람이 맹상군(孟嘗君) 전문(田文)이었다. 맹상군은 비록 죄를 짓고 도망쳐온 사람이라도 그가 무엇이든 남다른 재주가 있기만 하면 반겨 식객으로 맞이했다. 말하자면 전과자들의 지상낙원과도 같은 것이었다.

맹상군이 아버지의 뒤를 이어 제나라 재상으로 있을 때, 진(秦)나라 소왕(昭王)이 그를 국빈으로 초청한 일이 있었다. 소왕은 맹상군이 하도 훌륭하다니까 그를 재상으로 임명할 생각을 혼자 품고 있었다.

소왕의 초청을 받아들이느냐 거절하느냐 하는 문제로 조정은 조정대로 식객은 식객대로 설왕설래가 많았지만, 결국 남의 호의를 거절하기가

복원된 함양성

거북하다 해서 그대로 길을 떠나게 되었다.

맹상군이 진나라에 이르자, 진나라 서울 함양(咸陽) 성중이 발칵 뒤집히는 소동이 일어났다. 맹상군이 무슨 하늘나라 사람이라도 되는 줄로 알고 남녀노소 할 것 없이 사람들이 몽땅 거리로 쏟아져 나왔다. 그런데 실상 맹상군은 키도 작달막하고 얼굴도 남다를 게 없는 평범한 인물이었다. 사람들은 실망한 듯 지나가는 그의 모습을 바라보았다. 개중에는 가벼운 입을 놀려, 「저게 맹상군이야? 정말 볼품없군!」하고 모욕에 가까운 말을 던지기도 했다.

이 날 낮 맹상군에게 더러운 입을 놀린 사람들은 그날 밤 쥐도 새도 모르게 목이 떨어져 달아났다. 그것은 구경꾼을 가장하고 맹상군을 호위하며 따라가던 식객들이 하나하나 그들의 뒤를 지키고 있다가 주인의 복수를 한 것이었다. 맹상군의 식객이 한 짓인 줄 짐작은 하고 있었지만, 감히 이를 밝힐 수 없는 것이 진나라의 입장이었다. 오히려 맹상군의 위대한 일면을 피부로 느끼는 그런 느낌이었다.

맹상군을 재상으로 임명할 생각이었던 진의 소왕은, 맹상군이 아무래도 진나라보다는 제나라를 먼저 생각하지 않겠느냐는 어느 사람의 말에 끌려, 이왕 내가 못 쓸 바엔 돌려보내지 않으리라 마음먹고, 맹상군 일행을 연금 상태에 두게 했다. 맹상군은 식객들과 상의 끝에 소왕의 총희(寵姬)에게 도움을 청하기로 했다. 그러자 총희는, 「나에게 호백구(狐白裘)

를 주신다면 어떻게 힘써 보겠습니다」 라고 하는 것이었다.

맹상군은 진나라에 들어왔을 때 왕에게 선물로서 호백구 하나를 선사한 일이 있었다. 이 호백구는 여우의 겨드랑이 밑털로, 곱고 길고 부드럽고 흰, 사방 한 치 남짓한 곳을 끊어 이어 붙여서 만든 것으로 그 값이 천금에 해당한다고 한다. 왕은 그것을 입고 총희의 방에 들어가 한바탕 자랑을 했기 때문에 총희는 이 기회에 그것을 얻고 싶어 했던 것이다. 그러나 호백구는 진왕에게 준 그 하나밖에는 없었다. 어디서 어떻게 구해야 한단 말인가?

「누구 호백구를 구해 올 사람 없소?」 하고 식객들의 얼굴을 살폈으나 아무도 대답하는 사람이 없었다.

그러자 맨 아랫자리에 있던 한 사람이, 「제가 호백구를 구해 올 수 있습니다」 하고 얼굴을 내밀었다. 그는 그 전부터 개 껍질을 쓰고 개 흉내를 내며 남의 집에 숨어 들어가 있다가 적당한 틈을 보아 물건을 훔쳐내 오기로 유명한 사람이었다.

그는 그날 밤 개로 둔갑을 한 다음 진나라 대궐 창고 속으로 들어가 드디어 호백구를 훔쳐내는 데 성공했다.

호백구를 받은 총희는 진왕의 앞에서 눈물을 흘리며 맹상군을 놓아 보내 줄 것을 호소했다. 천하에 어질기로 이름이 높은 맹상군을 임금의 이름으로 초청을 해놓고는 아무 이유 없이 그를 붙들어 두고 돌려보내지 않는다면, 앞으로 인재라는 인재는 다 진나라를 등지게 될 것이며, 진나라를 등진 그들이 힘을 합쳐 진나라에 적대해 온다면 장차 이 나라 운명이 어떻게 될지 아마 첩이 임금을 모실 날도 오래지 못할 것 같다면서 울먹였던 것이다.

듣고 보니 과연 그럴 것 같았다. 소왕은 그 날로 당장 맹상군 주위를

함곡관

지키던 사람들을 모두 철수시켰다. 맹상군은 여권을 위조하여 성명을 고쳐 쓴 다음 부랴부랴 성문을 빠져 나갔다.

말을 채찍질해 전속력으로 함곡관(函谷關)까지 왔을 때는 마침 한밤중이었다. 함곡관을 빨리 벗어나야만 살아날 수 있었다. 뒤에는 곧 추병이 달려오는 것만 같았다. 그러나 관문이 열리려면 아직도 멀었다. 첫닭이 울기 전에는 관문은 굳게 닫혀져 있어 행인의 왕래가 철저히 금지되어 있었다. 그 때, 돌연 식객들 가운데서 닭의 울음소리가 낭랑하게 들려왔다. 닭울음소리를 흉내 내는 식객이 있었던 것이다. 그러자 주위에 있는 모든 닭들이 따라 울었다. 관문지기는 여권을 한 번 보고는 문을 활짝 열어 주었다.

소왕은 맹상군을 놓아 준 것을 곧 후회하고, 군대를 보내 그의 뒤를 쫓게 했다. 그러나 함곡관에 다다랐을 때는 닭이 아닌 사람의 소리에 의해 이미 문이 활짝 열린 뒤였다. 이미 멀리 갔을 거라는 관문지기의 말에 되돌아오고 말았다.

처음 맹상군이 이 개 도둑질하고 닭 울음 우는 사람을 식객으로 맞아들였을 때는, 다른 식객들은 그들 두 사람과 한자리에 있게 된 것을 몹시 수치스럽게 여겼다. 그러나 그들도 진나라에서의 어려운 고비를 이들 두 사람에 의해 벗어나게 되자, 비로소 맹상군의 혜안에 탄복하게 되었다. 이 「계명구도」란 말은 아무리 천한 재주라도 다 쓰일 데가 있다는 뜻으로 쓰이지만, 역시 천한 재주임에는 틀림이 없다.

맹상군이 진나라에서의 어려움을 벗어나게 된 것도 다 손님을 차별 없이 대우한 덕이라고 좋게 평가하고 있었는데, 이에 대해 송(宋)나라 왕안석(王安石)은 반대로 혹평을 내리고 있다.

왕안석

3천 명이나 되는 식객 가운데 한 사람도 주인을 위험한 곳으로 들어가지 못하도록 말린 사람이 없고, 겨우 죽게 된 마당에 개 도둑질이나 하고 닭 울음이나 우는 그런 무리들에 의해 목숨을 건지게 되었으니 맹상군은 다만 「계명구도」의 영웅일 뿐이라는 것이다.

지금은 왕안석의 해석을 기발하고 옳은 평으로 보고 있다.

❺ 捕風捉影(포풍착영) 捕风捉影 사로잡을 **捕** 바람 **風** 잡을 **捉** 그림자 **影**

바람을 잡고 그림자를 붙든다. 허망한 언행을 이르는 말. 허망한 언행이나 이루어질 가능성이 없는 것을 말한다.

후한의 역사가 반고(班固)가 지은 《한서》 교사지에 있는 말이다.

곡영(谷永)은 장안(長安, 지금의 섬서성 서안시) 사람으로서, 한나라 성제 때 광록대부(光祿大夫)와 대사농(大司農) 등의 관직을 지냈다.

성제(成帝)는 20세 즉위하여 40여 세가 되도록 아들이 없었다. 그는 방사(方士)들의 말을 듣고, 귀신에게 제사 드리는 데 열중하였다. 성제에게 귀신이나 선도(仙道)에 대하여 이야기를 했던 많은 사람들은 손쉽게 높은 벼슬자리를 얻었다.

이렇게 성제는 그들의 말만을 믿고 장안 교외에 있는 상림원(上林苑)에서 대대적으로 제사를 올리며 하늘에 복을 기원하였다. 그러나 많은 비용만을 낭비하였을 뿐 아무런 효험이 없었다.

곡영은 성제에게 글을 올렸다.

「신이 듣기로, 하늘과 땅의 본성에 대하여 환하게 밝은 사람은 신비하고 괴기한 것에 미혹할 수 없으며, 만물의 이치를 깨달은 사람은 행위가 옳지 않는 사람에 의해 가려지지 않는다고 합니다. 지금 일부 사람들은 신선과 귀신에 대하여 이야기하며, 제사 드리는 방법을 알리고, 세상에 선인(仙人)이나, 먹으면 영원히 죽지 않고 남산처럼 오래 살 수 있는 약이 있다느니 하고 말하고 있습니다. 그들의 말은 얼핏 듣기에는 매우 아름다운 모습을 그리게 하는데, 마치 당장이라도 신선을 만나게 할 수 있을 것 같습니다. 하지만, 폐하께서 그러한 것을 구하시는 것은 마치 바람을 움켜쥐고, 그림자를 잡는 것과 같아, 결국 얻을 수 없습니다(求之 蕩蕩如系捕風捉影 終不可得). 때문에 옛날 현명한 군왕들은 이러한 말을 듣지 않았으며, 성인(聖人)들은 절대 이러한 말을 하지 않는다고 하옵니다」

곡영은 역대 제왕들의 구체적인 예를 들어가며, 글의 마지막을 이렇게 맺었다.

「예로부터 지금까지, 제왕들은 존귀한 지위와 많은 재물을 이용하여, 온 천하에서 신령이나 선인을 찾으며 많은 세월을 보냈으나, 결국은 아무런 효험이 없었습니다. 희망하건대, 폐하께서는 행위가 옳지 못한 사람들이 조정의 일을 간섭하지 못하도록 하셔야 할 것입니다」

성제는 곡영의 말이 옳다고 생각하고 그의 말을 따랐다.

❻ 猶獲石田 (유획석전)

犹获石田 마치 **猶** 얻을 **獲** 돌 **石** 밭 **田**

돌밭을 얻은 것 같다. 물건을 얻었으나 쓸모가 없음. 《춘추좌씨전(春秋左氏傳)》

❼ 捕獲叛亡 (포획반망)

捕获叛亡 잡을 **捕** 얻을 **獲** 배반할 **叛** 없을 **亡**

「강도와 도적을 죽이고 베며, 반역하고 달아나면 잡아서 벌한다(誅斬賊盜 捕獲叛亡)」

《천자문》에 있는 말이다.

도적(盜賊)이 창궐하면 민심이 흉흉하고 나라가 위태롭게 된다. 반역자는 왕위를 노리는 자이다. 법에 따라 죄를 물어야 한다. 이 구절은 이러한 범죄자에 대해 엄벌을 내려야 나라에 기강이 서고 국가를 이어갈 수 있다는 것을 밝혔다.

공자는 춘추시대 노(魯)나라 출신이다. 당시 노(魯)나라에는 공자 못지않게 현인(賢人)으로 이름을 날린 사람이 있었는데, 그가 유하혜다. 그런데 유하혜에게는 유명한 도적으로 천하를 휘젓고 다닌 도척(盜跖)이라는 동생이 있었다. 그는 9천 명에 이르는 도적 무리를 이끄는 두목이었으며, 각국 제후들의 영토를 제집 드나들 듯 침범하여 재물과 부녀

화성(和聖) 유하혜

자를 훔치고 약탈했다. 일설에는 황제(黃帝) 때의 대도(大盜) 이름으로, 이 때문에 도척으로 불렸다고 한다.

그가 이끄는 도적들의 위세가 어찌나 대단했던지, 그들이 지나갈 경우 큰 제후국은 성을 지키고 맞섰지만, 작은 제후국들은 난리를 피하려고 성안으로 몸을 숨겼다.

❽ 未亡人(미망인) 未亡人 아닐 未 잃을 亡 사람 人

아직 죽지 않은 사람이란 뜻으로, 남편을 따라 죽지 않은 과부를 가리키는 말.

미망인은 죽지 못한 사람이란 뜻이다. 남편을 따라 죽어야 마땅할 사람이 죽지 못하고 살아 있다는 뜻이니, 따지고 보면 「미망인」이라는 호칭은 실례가 되는 말 같기도 하다.

그러나 말은 말 자체가 가지고 있는 뜻보다는 일반 사회에서 받아들이는 뜻이 더 중요하기 때문에, 이 실례가 될 것 같은 말이 홀로 된 부인을 가리키는 품위 있는 말로 쓰이고 있는 것이다.

《춘추좌씨전》 장공(莊公) 28년에 있는 이야기다.

초나라 영윤(令尹 : 재상) 자원(子元)이 죽은 문왕(文王)의 부인 문부인(文夫人)을 유혹할 계획으로 부인이 있는 궁전 옆에 자기 관사를 짓고, 거기에서 은(殷)나라 탕(湯)임금이 처음 만들었다는 만(萬)이란 춤을 추게 하며 음악을 울렸다. 부인은 음악소리를 듣자 눈물을 흘리며 말했다.

「선군께서는 이 음악을 군대를 조련할 때에 쓰시곤 했다. 그런데 지금 영윤은 이것을 원수들을 치기 위해 쓰지 않고 이 미망인 옆에서 하고 있으니 또한 이상하지 않은가」 하고 불쾌한 표정을 지었다.

자원의 야심을 이미 눈치 채고 한 말이었다. 자원은 즉시 춤과 음악을 걷어치웠다. 그녀를 유혹해서 획책하고 있는 반역음모에 도움을 받으려 했던 것인데, 오히려 역효과를 낼 것만 같은 생각이 들었기 때문이다. 여기서는 분명 과부 된 여자가 자신을 낮추어서, 죽지 못하고 살아 있는 몸이란 뜻으로 쓰고 있다.

115. 布射僚丸 嵇琴阮嘯 (포사요환 혜금완소) 布射僚丸 嵇琴阮嘯

❶			季(계)	布(포)	一(일)	諾(낙)	
❷		弋(익)	不(불)	射(사)	宿(숙)		
❸		布(포)	射(사)	僚(요)	丸(환)		
❹			彈(탄)	丸(환)	之(지)	地(지)	
❺				嵇(혜)	琴(금)	阮(완)	嘯(소)
❻				琴(금)	瑟(슬)	相(상)	和(화)
❼	口(구)	是(시)	禍(화)	之(지)	門(문)		
❽				嘯(소)	風(풍)	弄(농)	月(월)

풀이

❶ 季布一諾 (계포일낙) 季布一诺 끝 季 베 布 한 一 승낙 諾

절대로 틀림없는 승낙. 《사기》 계포전에 있는 이야기다.

초(楚)나라 사람인 계포는 젊었을 적부터 협객(俠客)으로 알려져 한 번 약속을 한 이상은 그 약속을 반드시 지켰다. 뒷날 서초(西楚)의 패왕 항우가 한(漢)나라의 유방과 천하를 걸고 싸웠을 때, 초나라 대장으로서 유방을 여러 차례에 걸쳐 괴롭혔으나, 항우가 망하고 유방이 천하를 통일하자 목에 천금의 현상금이 걸려 쫓기는 몸이 되었다.

그러나 그를 아는 자는 감히 그를 팔려고 하지 않았으며, 도리어 그를 고조(高祖 : 유방)에게 천거해 주었다. 덕택으로 사면이 되어 낭중(郎中 : 중앙관청의 과장급)의 벼슬에 있다가 이듬해 혜제(惠帝) 때에는 중랑장(中郎將 : 근위여단장)이 되었다. 권모술수가 소용돌이치는 궁중의 사람이어도 그는 시(是)를 시(是)라 하고 비(非)를 비(非)라 주장하는 성심(誠心)을 흐리게 하는 일이 없어 더욱 더 사람들로부터 존중받았다. 그러한 그의 일화를 하나 소개하겠다.

흉노의 추장 선우(單于)가 권력을 한손에 쥐고 있던 여태후(呂太后)를 깔보는 불손하기 짝이 없는 편지를 조정에 보내온 적이 있었다.

「버릇없는 고약한 놈, 어떻게 처리를 해 줄까!」 하고 격노한 여후(呂后)는 곧 장군들을 불러 모아 어전회의를 소집했다. 먼저 나선 것은 상장군 번쾌(樊噲)였다.

「제가 10만 병력을 이끌고 나가 단숨에 무찔러 버리겠습니다」

여씨 일문(呂氏一門)이 아니면 숨도 크게 못 쉬는 시절이었지만, 번

계포일낙 동부조(銅浮彫)

쾌는 이 일문의 딸과 결혼까지 해서 여태후의 총애를 받고 있는 장군이었다. 여태후의 안색만을 살피고 있는 겁쟁이 무장들이 모두 한목소리로, 「그게 좋을 줄로 생각됩니다」하고 맞장구를 친 것도 무리는 아니다. 그 때였다. 「번쾌의 목을 자르라!」하고 대갈하는 자가 있었다. 모두가 돌아보니 계포였다.

「고조 황제께서도 40만이란 대군을 거느리시고서도, 평성(平城)에서 그들에게 포위당하신 적이 있지 않았는가. 그런데 지금 번쾌가 말하기를, 10만으로 요절을 내겠다고? 이거 정말 호언장담도 이만저만이 아니로구나. 모두들 눈먼 장님인 줄 아는가. 도대체 진(秦)이 망한 것은 오랑캐와 시비를 벌인 데서 진승(陳勝) 등이 그 허점을 노리고 일어섰기 때문이다. 그들에게서 입은 상처는 오늘까지도 아직 다 아물지 않고 있는데, 번쾌는 위에 아첨을 하여 천하의 동요를 초래하려 한다고 밖에는 볼 수 없다」

일동의 얼굴은 새파랗게 질렸다. 계포의 목숨도 이제 끝장났다고 생각했다. 허나 여태후는 화를 내지 않았다. 폐회를 명하자, 그 후 다시는 흉노 토벌을 입에 담지 않았다.

당시 초나라 사람으로 조구(曹丘)라는 자가 있었다. 대단히 아첨을 잘하는 사람이었는데, 권세욕과 금전욕이 강한 사나이로 조정에서 은

연중 세력을 잡고 있는 내시 조담(趙談)과도 줄을 대고 또 경제(景帝)의 외가 쪽 숙부인 두장군(竇將軍)의 집에도 연신 드나들고 있었다. 이 말을 들은 계포는 두장군에게 편지를 써서, 「조구는 하찮은 인간이라고 듣고 있습니다. 교제를 끊으십시오」 하고 친절히 충고해 주었다.

때마침 조구는 타처에 나가 있었으나, 귀경하자 두장군에게 계포를 만나려고 하는데 소개장을 써 달라고 말했다.

두장군이, 「계장군은 자네를 좋아하지 않는 모양이야. 가지 않는 편이 좋지 않을까」 라고 말했으나 그는 억지로 졸라 소개장을 얻은 다음 우선 편지로 찾아가 뵙겠다는 점을 알려 놓고 방문했다. 계포는 화가 잔뜩 나서 기다리고 있을 때, 찾아간 조구는 인사가 끝나자 입을 열었다.

「초(楚)나라 사람들은 『황금 백 근을 얻는 것은 계포의 일낙(季布一諾)을 얻는 것만 못하다』 고 떠들며, 그 말이 이미 전설처럼 되어 있는데, 도대체 어떻게 해서 그렇게 유명하게 되셨습니까. 어디 그것을 말씀해 주시지 않겠습니까. 원래 우리는 동향인이기도 하므로 제가 장군의 일을 천하에 선전하고 다니면 어떻게 될지 아십니까. 지금은 겨우 양(梁)과 초(楚)나라 정도밖에 알려지지 않고 있습니다만, 제가 한 바퀴 돌면, 아마도 장군의 이름은 천하에 울려 퍼질 것입니다」

그렇듯 못된 사람으로 취급하던 계포도 아주 좋아서 조구를 빈객으로서 자기 집에 수개월 동안이나 머물게 하고 있는 힘을 다하여 극진히 대접을 했다. 이 조구의 혀로 인해 계포의 이름은 더욱 더 천하에 알려지게 되었다.

❷ 弋不射宿 (익불사숙)

弋不射宿 주살 弋 아닐 不 쏠 射 잘 宿

주살로 나는 새는 쏴도 잠자는 새는 쏘지 않는다.

지나치게 잔인한 짓은 하지 않음. 생물의 씨를 말리는 그런 살생은 하지 않음. 무슨 일에나 정도를 넘지 않는 훌륭한 인물의 태도를 이르는 말이다.

공자 조상(彫像)

공자가 젊어서 가난하게 지냈기 때문에 제사에 쓸 고기와 손님을 대접하기 위해 때로는 고기를 잡는 일이 있었지만, 낚시로 필요한 양만 잡을 뿐, 많은 고기를 잡기 위해 그물을 치는 일은 없었다는 것이다.

《논어》 술이편에, 「공자는 낚시질은 해도 그물은 치지 않았다. 주살질을 해도 자는 새를 쏘지는 않았다(子釣而不綱 弋不射宿)」고 했다.

공자 자신이 그렇게 하라든가 한다든가 하는 말이 아니고, 제자들이 공자의 지난 일을 듣고 기록한 것이므로, 이것은 어디까지나 공자의 개인적인 생활태도라고 볼 수 있다. 후세 사람들은 이 점을 들어, 성인의 짐승에 대한 사랑의 표현이라고 말하고 있다.

그물질을 하면 어린 고기까지 다 잡게 되므로 차마 그러지를 못했고, 잠든 새를 쏘지 않는 것은 평화롭게 자는 것을 차마 놀라 깨우고 싶지 않은 마음 때문이었으리라.

강(綱)은 굵은 줄에 그물을 달아 냇물을 가로질러 고기를 잡는 것이라고 주석을 하기도 하고, 혹은 「주낙」을 말한다고도 한다.

또 「조이불강」을 「조이불망(釣而不網)」이라고도 하는데, 오히려 알기가 쉽다. 익(弋)은 주살로, 화살에 명주실을 매어 쏘는 것을 말하고, 사(射)는 쏜다는 뜻이다. 살생을 하지 않는 것이 좋겠지만, 부득이한 경우라도 그것을 아끼는 마음과 택하는 마음이 필요할 것 같다. 이른바 마구잡이로 씨를 말리는 그런 행위는 도의적인 문제를 떠나 앞날을 생각지 않는 하루살이 생활과도 같은 지각없는 행동이 아닐 수 없다.

❸ 布射僚丸(포사요환) 布射僚丸 베 **布** 쏠 **射** 벗 **僚** 알 **丸**

「여포는 활을 잘 쏘았고 웅의료는 탄환을 잘 놀렸으며, 혜강은 거문고를 잘 타고 완적은 휘파람을 잘 불었다(布射僚丸 嵇琴阮嘯)」

《천자문》에 있는 말이다.

완 적

포사(布射)는 후한 때 활을 잘 쏜 여포(呂布)이고, 요환(僚丸)은 9개의 공을 가지고 손으로 놀 수 있는 재주를 가진 초나라 웅의료(熊宜僚) 를 말한다.

웅의료는 춘추시대 초(楚)나라 제29대 제후인 혜왕(惠王) 때 사람으로, 그 힘이 천하 장사여서 홀로 5백 명을 상대해도 이겨낼 정도였다.

그러나 힘 못지않게 의기(義氣) 또한 남달라, 당시 세력가인 백공승(白公勝)이라는 사람이 권력 장악을 목적으로 초나라의 영윤(令尹)을 살해하기 위해 그를 찾아가 부탁을 하자, 「어진 사람을 죽일 수 없다」면서 거절했다. 특히 그는 공(丸)을 가지고 노는 재주가 탁월했는데, 여덟 개의 공은 공중에 떠 있고 한 개의 공만 그의 손 안에 있었다.

혜강(嵇康)과 완적(阮籍)은 후한 말에서 위나라를 거쳐 서진(西晉) 시대의 죽림칠현(竹林七賢) 가운데 한 사람이다.

❹ 彈丸之地 (탄환지지) 弹丸之地 탄알 **彈** 알 **丸** 갈 **之** 땅 **地**

탄알만한 비좁은 땅이라는 뜻으로, 사방이 적국에 싸여 공격의 대상이 되는 매우 좁은 땅을 이르는 말이다.

《사기》 평원군우경(平原君虞卿)열전에 있는 이야기다.

전국시대, 6국이 서로 다투어 전쟁이 그치지 않았다. 진(秦)나라는 장평에서 조(趙)나라를 물리친 후 조나라의 여섯 성을 요구하였다. 조나라 왕은 결단을 내리지 못하고 진나라에서 온 조학(趙郝)에게 도움을 청하였다. 조학은 수차례 사절하였지만, 조왕이 계속 부탁을 해오자, 먼저 공보문백(公甫文伯)의 어머니 이야기를 하면서, 사람의 신분이 다르면 효과도 다르다는 이치를 설명하였다. 조나라 대신 우경(虞卿)은 조학의 이야기를 전해 듣고, 조나라 왕에게 날카롭게 말했다.

「진나라가 왕을 공격했다가 싸움에 지쳐 돌아간 것으로 생각하십니까, 아니면 진나라가 아직 여력이 있으면서도 왕을 어여삐 여겨 돌아간 것으로 생각하십니까?」

「진나라는 우리나라를 치는 데 있는 힘을 다 기울였던 거요. 틀림없이 지쳐서 돌아갔을 것이오」

우경이 말했다.

「그렇다면 진나라는 그들 힘으로 취할 수 없는 곳을 공격하다가 지쳐서 돌아갔는데, 지금 임금께서는 진나라 힘으로 취할 수 없는 곳 여섯 현을 진나라에 떼어주시려고 하고 계십니다. 이것은 진나라를 도와서 스스로를 공격하는 것입니다. 내년에 진나라가 다시 임금을 공격하더라도 임금을 도와줄 사람은 없을 것입니다」

평원군 우경

왕은 우경이 한 말을 조학에게 말하자, 조학이 말했다.

「우경은 진나라의 힘이 어느 정도인지를 정말로 알고 있을까요? 만약 정말로 진나라 힘의 한계를 안다면 탄환만한 작은 땅도 떼어줄 필요는 없겠지요(此彈丸之地 猶不予也). 그러나 만일 내년에 다시 진나라가 임금을 공격해 온다면 이번에는 내지(內地)를 떼어주고라도 강화를 하지 않고는 견디지 못할 것입니다」

조왕이 물었다.

「그렇다면 당신의 의견에 따라 땅을 떼어준다면 당신은 내년에 다시 진나라가 우리를 치지 않는다고 보증할 수 있겠소?」

「그것은 제가 말씀드릴 수 있는 사안이 되지 못합니다. 일찍이 삼진{三晋 : 조(趙)·위(魏)·한(韓)}은 진(秦)나라와 서로 사이가 좋았습니다. 그런데 지금 진나라가 한(韓) · 위나라와 친하면서도 임금을 공격하는 것은 임금께서 진나라를 섬기는 것이 한나라와 위나라에 미치지 못하기 때문입니다. 이제 제가 임금을 위하여 그동안 화친을 저버린 때문에 일어난 사태를 수습하고, 관소(關所)를 열어 무역을 하며 국교를 한나라 · 위나라와 평등하게 하더라도 내년이 되어 임금만이 진나라로부터 공격을 받으신다면 이것은 역시 임금께서 진나라를 섬기는 방법이 좋지 않기 때문입니다. 이 점 저로서는 보증할 수 있는 일이 못됩니다」

❺ 嵇琴阮嘯 (혜 금 완 소)

嵇琴阮嘯
사람이름 嵇 거문고 **琴** 성 **阮** 휘파람 **嘯**

「여포는 활을 잘 쏘았고 웅의료는 탄환을 잘 놀렸으며, 혜강은 거문고를 잘 타고 완적은 휘파람을 잘 불었다(布射僚丸 嵇琴阮嘯)」

《천자문》에 있는 말이다.

혜 강

혜강(嵇康)은 후한(後漢)이 멸망한 후 시작되는 삼국시대 중 조조가 세운 위(魏)나라의 문인이자 사상가였다. 위나라와 진(晉)나라 왕조가 교체되는 시기에 세속의 권력과 욕망을 비판하며 죽림(竹林)에 모여 거문고와 술을 즐기며 청담(淸談)으로 세월을 보낸 일곱 명의 선비를 일컬었던

「죽림칠현(竹林七賢)」 가운데 한 사람이다. 특히 거문고 연주에 뛰어난 재주를 갖고 있었다.

완적(阮籍) 역시 위나라 때의 문인이자 사상가로, 혜강과 같은 시대를 산 인물이다. 또한 「죽림칠현」의 한 사람이기도 하다. 그는 한때 위나라를 무너뜨리고 진(晉)나라를 세운 사마씨(司馬氏) 밑에서 벼슬을 살기도 했으나, 권력과 출세를 근본적으로 싫어해 술과 기행(奇行)을 일삼으며 자신을 위장하고 살았다.

❻ 琴瑟相和 (금슬상화)

琴瑟相和 거문고 **琴** 큰 거문고 **瑟** 서로 **相** 고를 **和**

거문고 가락에 맞추어 타듯 부부의 정이 잘 어우러짐.

부부의 정이 좋은 것을 「금슬(琴瑟)」이 좋다고 한다. 금슬은 거문고를 말한다. 거문고가 어떻게 부부의 정이란 뜻이 되는가.

말의 유래는 모두 《시경》에서 비롯하고 있다. 소아 상체편(常棣篇)은 한 집안의 화합을 노래한 8장으로 된 시로, 이 시의 제8장에,

처자의 좋은 화합은
거문고를 타는 것과 같고
형제가 이미 합하여
화락하고 또 즐겁다.

妻子好合　如鼓瑟琴　　처자호합　여고슬금
兄弟歸翕　和樂且湛　　형제귀흡　화락차담

라고 했다. 여기서 「금슬」을 「슬금(瑟琴)」이라고 바꿔놓은 것은 운

(韻)을 맞추기 위한 때문이다. 슬(瑟)은 큰 거문고를 말하고, 금(琴)은 보통 거문고를 말한다. 큰 거문고와 보통 거문고를 가락에 맞추어 치듯, 아내와 뜻이 잘 맞는다는 것을 말한 것이다.

처자는 아내와 자식이란 뜻도 되고, 아내란 뜻도 된다.

이 상체편은 형제 일족을 모아놓고 먹고 마시는 광경을 읊은 것인데, 주(周) 무왕의 동생 주공단(周公旦)이 그 형제인 관숙선(管叔鮮)과 채숙도(蔡叔度)가 길을 잘못 들어, 주에 반기를 들다가 주살당한 것을 불쌍히 여겨 지은 시라고 한다.

또한 일설에는 주의 여왕(厲王) 때, 종족이 불화하였기 때문에 소목공(召穆公)이 일동을 모아놓고 그 때 지었다고도 하고, 그 자리에서 주공의 작(作)을 읊었다고도 한다.

관숙과 채숙은 주공의 형제로 은(殷)의 주왕(紂王)의 뒤를 이은 무경(武庚)의 대신이었다. 무왕이 죽은 후 주공이 어린 성왕(成王)의 섭정이 되었는데, 주공을 달갑게 보고 있지 않던 관숙과 채숙은 주공이 성왕에 대하여 역심을 품고 있다고 선전을 하여 주공을 왕으로부터 멀리하게 하였다.

그러나 또다시 주공이 소환되는 것을 보고 관숙과 채숙은 위구(危懼)하여 무경을 세워 반란을 일으켰으므로 왕명을 받든 주공에 의하여 무경과 관숙은 주살되고 채숙은 추방되었다. 또 같은 《시경》 국풍 관저편은 다섯 장으로 되어 있는데, 그 제4장에,

요조한 숙녀를
금슬로써 벗한다

窈窕淑女　琴瑟友之　　요조숙녀 금슬우지

라고 했다. 조용하고 얌전한 처녀를 아내로 맞아 거문고를 타며 서로 사이좋게 지낸다는 뜻이다. 여기서 부부간의 정을 금슬로써 표현하게 되었고, 부부간의 금슬이 좋은 것을 「금슬우지」 또는 「금슬상화(琴瑟相和)」란 문자로 표현하기도 한다.

「금슬」이 좋다는 말은 결국 가락이 잘 맞는다는 뜻으로, 듣기 싫은 부부싸움이 일지 않는다는 뜻으로 확대 해석할 수도 있다.

❼ 口是禍之門

구시화지문

口是祸之门

입 口 이것 是 재화 禍 의 之 문 門

{이 항(阮)은 글자 특성상 고사성어 열매가 열리 않아서 위 고사로 대체했다}

화는 입으로부터 생기므로 말을 삼가야 한다.

우리말에 「화는 입으로부터 나오고 병은 입으로부터 들어간다(禍自口出 病自口入)」는 말이 있다. 이 말은 흔히 들을 수 있는 말이다. 그것이 진리인 만큼 특별나게 누가 한 말이라고 그 출전을 캔다는 것조차 무의미한 일일지도 모른다.

《태평어람》 인사편에 보면, 「병은 입을 좇아 들어가고(病從口入), 화는 입을 좇아 나온다(禍從口出)」는 말이 있고, 또 《석씨요람(釋氏要覽)》에는, 「모든 중생은 화가 입을 좇아 생긴다(一切衆生禍從口生)」고 했다. 모두 음식으로 인해 병이 생기고, 말로 인해 화를 입게 되니 입을 조심하라는 뜻이다.

또 《전당시(全唐詩)》에 수록되어 있는 풍도(馮道, 822~954)의 「설시(舌詩)」란 시에는 입과 혀를 두고 이렇게 말했다.

입은 이 화의 문이요	口是禍之門	구시화지문
혀는 이 몸을 베는 칼이다	舌是斬身刀	설시참신도
입을 닫고 혀를 깊이 간직하면	閉口深藏舌	폐구심장설
몸 편안히 간 곳마다 튼튼하다	安身處處牢	안신처처뢰

풍 도

풍도는 당 말기에 태어난 사람으로 당나라가 망한 뒤에도, 진(晋)·글안(契丹)·후한(後漢)·후주(後周) 등 여러 왕조에 벼슬을 하며, 이 어지럽고 위험한 시기에 처해서도 73세라는 장수를 누린 사람이다. 과연 이런 시를 지은 사람다운 처세를 실행에 옮겼구나 하는 느낌을 준다.

풍도와 진시황 때부터 전해진 전국옥새(傳國玉璽)에 대한 이야기다.

풍도는 후당·후진·후한·후주와 요나라에서 고관을 지낸 대신이다. 자는 가도(可道)이며 영주 경성(지금의 하북성 창주) 사람이다. 당나라 말, 풍도는 유주자사 유수광의 참군을 지낸다. 유수광이 패배한 후, 풍도는 하동절도사 이극용을 모시며 장서기가 된다. 이존욱이 즉위하자 풍도는 한림학사가 된다. 명종 때는 재상이 된다. 풍도는 5개 왕조의 11명 황제를 모시면서, 장·상·삼공의 높은 직위에 있으면서, 일신을 보전했다. 말년에는 자칭 장락로(長樂老)라 한다.

후당의 이종가와 조태후, 유황후는 망국 때 현무루에 올라서 불을 질러 자살한다. 그때 풍도는 중신이었다. 당 폐제 이종가의 밑에서 풍도는 삼공의 하나인 사공을 지낸다. 이종가는 현무루에서 불에 타 죽었다. 그 후에 진시황 때부터 전해진 전국옥새가 행방불명되었는데, 전국옥새가 풍도의 묘에 묻혀 있을 것 같다는 추론이 제기되었으나 지금껏 옥새의 행방은 확인된 것이 없다.

❽ 嘯風弄月 (소풍농월) 啸风弄月 휘파람불 **嘯** 바람 **風** 희롱할 **弄** 달 **月**

바람에 휘파람을 불고, 달을 희롱(戲弄)한다는 뜻으로, 자연 풍경을 완상(玩賞)함을 이르는 말.

116. 恬筆倫紙 鈞巧任釣 恬笔伦纸 钧巧任钓

염필윤지 균교임조

❶		무 無	욕 慾	염 恬	담 淡		
❷	동 董	호 狐	지 之	필 筆			
❸	삼 三	강 綱	오 五	륜 倫			
❹				지 紙	상 上	담 談	병 兵
❺				균 鈞	교 巧	임 任	조 釣
❻				교 巧	언 言	영 令	색 色
❼				임 任	중 重	도 道	원 遠
❽				조 釣	이 而	불 不	강 綱

풀이

❶ 無慾恬淡(무욕염담) 无慾恬淡 없을 無 욕심 慾 편안할 恬 맑을 淡

욕심이 없이 마음이 깨끗하고 담담(淡淡)함.

❷ 董狐之筆(동호지필) 董狐之笔 동독할 董 여우 狐 의 之 붓 筆

「동호의 붓」이라는 뜻으로, 기록을 담당한 자가 주위 사람들이나 권력을 의식하지 않고 곧이곧대로 바르게 써서 남기는 것, 즉 오류나 결함을 조금도 숨기지 않고 있는 그대로 공정하게 기록한다는 말이다. 특히 포폄(褒貶)이 분명한 춘추필법(春秋筆法) 같은 사필(史筆)을 비유할 때 흔히 쓰인다.

《춘추좌씨전》 선공(宣公)에 있는 말이다.

춘추시대 진(晋) 문공이 세상을 떠나고 양공이 즉위한 뒤 조돈(趙盾)이 재상으로 있으면서 많은 치적을 쌓았다. 당시 사람들은 조돈과 그의 아버지 조최를 진나라의 공신으로 칭찬을 아끼지 않았다. 그러나 두 부자의 성격은 판이하게 달랐다. 어떤 사람이 대부 호역고(狐射姑)에게 「조최와 조돈은 어떤 사람인가?」하고 물었다.

호역고는, 「조최는 겨울날의 해와 같고, 조돈은 여름날의 해와 같다(趙衰 冬日之日也 趙盾 夏日之日也)」라고 대답했다.

여기서 하일(夏日)과 같은 뜻으로 추상(秋霜)이란 말도 많이 쓰이는데, 모두가 정직하고 인격이 높은 사람을 가리키는 말로서 「하일추상

(夏日秋霜)」이라고도 한다.

양공이 죽은 뒤 어린 나이로 즉위한 진영공은 아주 어리석고 포학한 임금이었다. 예컨대 그는 높은 정자 위에서 지나가는 행인을 활로 쏘아 맞히는 놀이를 도락으로 삼았고, 요리사가 국을 맛이 없게 조리했다고 해서 죽여버리기까지 하는 위인이었다. 이에 재상 조돈이 여러 차례 간언했지만 왕은 듣지 않을 뿐만 아니라 세 번이나 조돈을 죽이려다가 실패하였다. 결국 신변의 위협을 느낀 조돈은 외지로 나가 잠시 피신을 하게 되었다.

동 호

그러던 중 조돈의 사촌형인 조천(趙穿)이 진영공이 도원에서 술에 만취한 틈을 타서 심복을 시켜 감쪽같이 시해하고 말았다. 이에 조돈은 즉시 도성으로 돌아와 진성공을 세우고 계속 재상 직을 맡아보게 되었다. 그 후 사관인 동호가 이 사실을 역사에 기록할 때「조돈이 임금을 시해하였다」고 써넣었다. 그 기록을 본 조돈은 깜짝 놀라 급히 동호를 찾아가 일이 그렇게 된 연유를 장황하게 늘어놓았다. 그러자 동호가 질책하는 어조로 조돈을 꾸짖었다.

「대인께서는 일개 재상의 몸으로 당시 달아나기는 했지만 국경을 넘어가지 않았으며, 또 돌아와서도 죄인들을 징벌하지 않았으니, 이 죄를 대인께서 지지 않으면 누가 책임져야 하겠습니까?」

《춘추좌씨전》 선공 2년조에서는 이 사실을 서술하면서 「동호는 옛날 훌륭한 사관으로 사건의 진실을 왜곡하지 않았다」고 평한 공자의 말을 인용하고 있다.

동시에 공자는 조돈에 대해서도 「옛날 훌륭한 대부였던 조선자(즉 조돈)는 억울하게 죄명을 뒤집어쓰게 되었는데 안타까운 일이다. 만일 그가 본국을 떠났더라면 아무 책임도 없었을 것이다」라고 말했다는 것이다. 이렇게 해서 나중에 공정한 사관을 칭송할 때면 동호라고 하게 된 것이다.

❸ 三綱五倫(삼강오륜) 叁纲五伦 석 三 벼리 綱 다섯 五 인륜 倫

유교 도덕의 바탕이 되는 세 가지 강령과 다섯 가지의 인륜(人倫)을 이르는 말로,

삼강은 유교 도덕이 되는 세 가지 뼈대가 되는 줄거리로서, 「임금과 신하(君爲臣綱)」, 「남편과 아내(夫爲婦綱)」, 「부모와 아들(父爲子綱)」이 마땅히 지켜야 할 도리이다.

오륜은 《맹자》에 나오는 유교 실천도덕에 있어서 기본이 되는 다섯 가지의 인륜(人倫), 즉 「군신유의(君臣有義)」, 「부자유친(父子有親)」, 「부부유별(夫婦有別)」, 「장유유서(長幼有序)」, 「붕우유신(朋友有信)」을 말한다.

아버지와 아들 사이의 도(道)는 친애(親愛)에 있으며, 임금과 신하의 도리는 의리에 있고, 부부 사이에는 서로 침범치 못할 인륜(人倫)의 구별이 있으며, 어른과 어린이 사이에는 차례와 질서가 있어야 하며, 벗의 도리는 믿음에 있음을 뜻한다.

동중서

삼강오륜은 원래 중국 전한(前漢) 때의 거유(巨儒) 동중서(董仲舒)가 공맹(孔孟)의 교리에 입각하여 삼강오상설(三綱五常說)을 논한 데서 유래되어 중국뿐만 아니라 우리나라에서도 과거 오랫동안 사회의 기본적 윤리로 존중되어 왔으며, 지금도 일상생활에 깊이 뿌리박혀 있는 윤리 도덕이다.

❹ 紙上談兵(지상담병)

纸上谈兵　종이 **紙** 위 **上** 말씀 **談** 군사 **兵**

종잇장 위에서 병법을 말한다는 뜻으로, 실제를 떠난 공리공담(空理空談)을 이르는 말.

《사기》 염파인상여열전에 있는 이야기다.

춘추전국시대 조사(趙奢)는 조(趙)나라의 유명한 장군이다. 그에게는 조괄(趙括)이라는 아들이 있었다. 조괄은 젊었을 때부터 병법을 공부하고 병사(兵事)를 논하며, 천하에 자기 이상인 사람은 없다고 자부해 왔다. 일찍이 아버지와 병사를 논했을 때, 조사는 논박할 수는 없었지만, 그렇다고 옳다고는 말하지 않았다. 조괄의 어머니가 그 까닭을 묻자 조사는 말했다.

「전쟁은 목숨을 거는 것이오. 그런데 괄은 그것을 쉽게 말하고 있소(兵死地也 而括易言之). 조나라로 하여금 괄을 대장으로 임명하지 않도록 하면 다행이거니와, 만일 기어코 대장으로 임명한다면 조나라 군사를 패하게 만들 사람은 괄이 될 것이오」

마복군 조사

조괄의 아버지가 죽고, 얼마 후에 진(秦)나라가 쳐들어왔다. 조나라의 조정에서는 마땅한 인물을 고르지 못해 조괄을 대장으로 삼았다. 조괄의 어머니가 조정으로 달려가 괄은 그럴만한 인물이 되지 못하니 철회해 달라고 간청하였다.

「장군이었던 제 남편은 무엇보다도 교만을 싫어했습니다. 병사들과 함께 음식 나누기를 즐겨하고 대왕께서 하사하신 상금도 남김없이 부하들에게 나누어주었습니다. 이러한 아비에 비해 제 아들은 장군이 된 날 열병식에서 거만을 피우는 일에 정신을 팔고 있었습니다. 대왕께서 내리신 금품으로 땅과 집을 샀습니다. 이런 아들이 어찌 대임을 수행하겠습니까! 바라건대 아들의 보직을 해임해 주옵소서」

재상이던 인상여(藺相如)마저 간청하였으나 왕은 듣지 않았다.

장군 염파가 물러나고 그 자리를 조괄이 교체하자, 지금까지의 군령을 모조리 뜯어고치고 군리(軍吏)를 경질했다. 염파가 견지했던 수성(守城) 전략을 버리고 대거 공격에 나섰다.

진나라 장군 백기(白起)는 이 말을 듣자 기병(奇兵)을 풀어 거짓 달아나는 시늉을 해보이고 조나라 군사의 양도(糧道)를 끊어서 조나라 군사를 분단시켜 둘로 만들었다.

조나라 군사는 사기가 떨어졌고 40여 일이나 굶었다. 조괄은 정병을

장평대전

내어 몸소 싸웠으나 진나라 군사의 화살을 맞고 죽었다. 이렇게 해서 조나라 군사는 패했고, 수십만의 병사들은 마침내 진나라에 항복했다. 진나라는 이들을 모두 구덩이에 생매장해 죽였다. 이 싸움 전후로 조나라가 잃은 병력은 무려 43만에 이르렀다.

이것이 유명한 장평대전(長平大戰)이다. 전국시대의 판도를 변하게 만든 대표적인 전투의 하나이다. 장평의 승리는 진나라가 천하를 통일하는 기반이 되었으며, 패전국인 조나라의 몰락을 가져온 결정적인 전투였다. 결국 어설픈 지식은 한 번의 경험보다 못할 수도 있다는 것을 가르쳐 준다.

⑤ 鈞巧任釣 (균교임조)

钧巧任钓 서른 근 **鈞** 교묘할 **巧** 맡길 **任** 낚시 **釣**

「몽염(蒙括)의 붓, 채륜(蔡倫)의 종이, 마균의 교묘한 지남차(指南車), 임공자(任公子)의 낚싯대(恬筆倫紙 鈞巧任釣)」

《천자문》에 있는 말이다.

진(秦)나라 몽염은 토끼털로 붓을 매고 소나무 그을음으로 먹을 만들었고, 후한 채륜은 나무껍질·삼 줄기·끝 해진 베·물고기 그물로 종이를 만들었으며, 위(魏)나라 마균(馬鈞)은 수레에 탄 나무인형이 가리키는 곳이 반드시 남쪽을 향하게 하는 지남차를 만들었고, 전국시대 임공자(任公子)는 낚싯대를 만들었다.

몽염은 진나라 때 군사 30만을 거느리고 출정해 흉노족을 무찌르고 만리장성을 쌓은 명장이었다. 환관인 채륜은 닥나무 껍질과 헌 솜을 이용하여 종이를 발명한 인물로 그가 만든 종이를 채후지(蔡侯紙)라 불렀다.

채륜작지

마균은 위나라의 기술자이자 발명가로 손재주가 매우 뛰어났다. 많은 발명품을 만들었다고 전해지며 성을 공격할 때 사용하는 투석기를 개량한 포석거(抛石車)를 만들었다.

임조(任釣)는 전국시대 임(任)나라의 공자로 무게가 3천 근이나 되는 갈고리를 만들어 낚싯바늘로 삼고 50마리의 소를 미끼로 하여 회계산에서 북해에다 낚싯대를 드리워 큰 고기를 낚을 정도로 힘이 장사였다고 한다.

❻ 巧言令色 (교언영색)

巧言令色 교묘할 **巧** 말씀 **言** 좋을 **令** 얼굴 **色**

남의 환심을 사려 아첨하는 교묘한 말과 보기 좋게 꾸미는 얼굴빛.

《논어》 학이편과 양화편에 똑같은 공자의 말이 거듭 나온다.

공자와 제자들

「공교로운 말과 좋은 얼굴을 하는 사람은 착한 사람이 적다(巧言令色 鮮矣仁)」

쉽게 말해서, 말을 그럴듯하게 잘 꾸며대거나 남의 비위를 잘 맞추는 사람 쳐놓고 마음씨가 착하고 진실 된 사람이 적다는 말이다.

여기에 나오는 인(仁)에 대해서는 한 마디 말로 설명하기 어렵다. 공자처럼 이 인에 대해 많은 말을 한 사람이 없지만, 공자의 설명도 때에 따라 각각 다르다. 그러나 여기에 말한 인은 우리가 흔히 말하는 어질다는 뜻으로 알면 될 것 같다. 어질다는 말은 거짓이 없고 참되며, 남을 해칠 생각이 없는 고운 마음씨 정도로 풀이한다.

말을 잘한다는 것과 교묘하게 한다는 것과는 상당한 차이가 있다. 교묘하다는 것은 꾸며서 그럴 듯하게 만든다는 뜻이 있으므로, 자연 그의 말과 속마음이 일치될 리 없다. 말과 마음이 일치하지 않는다는 것은 곧 진실되지 않음을 말한다.

좋은 얼굴과 좋게 보이는 얼굴과는 비슷하면서도 거리가 멀다. 좋게 보이는 얼굴은 곧 좋게 보이려는 생각에서 오는 얼굴로, 겉에 나타난 표정이 자연 그대로일 수는 없다.

인격과 수양과 마음씨에서 오는 얼굴이 아닌, 억지로 꾸민 얼굴이 좋은 얼굴일 수는 없다. 결국 「교언(巧言)」과 「영색(令色)」은 꾸민 말과 꾸민 얼굴을 말한 것이 된다. 꾸미기를 좋아하는 사람의 마음이 참되고 어질 수는 없다. 적다고 한 말은 차마 박절하게 없다고 할 수가 없어서 한 말일 것이다.

우리 다 같이 한번 반성해 보자. 우리들이 매일같이 하고 듣고 하는 말이 「교언」이 아닌 것이 과연 얼마나 될는지? 우리들이 매일 남을 대할 때 서로 짓는 얼굴이 「영색」 아닌 것이 있을지? 그리고 우리의 일거일동이 어느 정도로 참되고 어진지를 돌이켜 보는 것이 어떨까?

《논어》 자로편에는 이를 반대편에서 한 말이 있다. 역시 공자의 말이다.

「강과 의와 목과 눌은 인에 가깝다(剛毅木訥近仁)」

「강(剛)」은 강직, 「의(毅)」는 과감, 「목(木)」은 순박, 「눌(訥)」은 어둔(語鈍)을 말한다. 강직하고 과감하고 순박하고 어둔한 사람은 자기 본심 그대로를 지니고 있는 사람이다. 꾸미거나 다듬거나 하는 것이 비위에 맞지 않는 안팎이 없는 사람이다. 그런 사람이 남을 속이거나 하는 일은 없다. 있어도 그것은 자기 본심에서가 아니다. 그러므로 그 자체가 「인(仁)」일 수는 없지만, 역시 「인(仁)」에 가깝다고 볼 수 있다.

❼ 任重道遠 (임중도원) 任重道远 맡길 **任** 무거울 **重** 길 **道** 멀 **遠**

《논어》에 있는 말로서, 「할 일은 많고 무거운데 길은 멀다」는 뜻이다.

임무는 중한데 도는 이뤄지지 않는다는 말도 되는데, 선비들이 현실의 벽에 부딪힐 때마다, 또는 많은 일을 했지만 세상이 변하지 않을 때, 탄식의 염으로 내뱉는 말이다.

비슷한 뜻으로 「일모도원(日暮途遠)」이라는 성어가 있다.

「날은 저물고 갈 길은 멀다는 뜻으로, 할 일은 많지만 늙고 쇠약한 데 앞으로 해야 할 일은 산더미처럼 많음」을 이르는 말이다.

❽ 釣而不綱 (조이불강) 钓而不纲 낚시질 **釣** 말이을 **而** 아니 **不** 벼리 **綱**

낚시질은 해도 그물질은 하지 않는다는 뜻으로, 무슨 일에나 정도를 넘지 않는 훌륭한 인물의 태도를 이르는 말로서, 새나 물고기를 잡더라도 그 씨를 말릴 정도로 도가 지나친 살생은 하지 않는다는 뜻이다.

조(釣)는 낚시로 고기를 잡는 것이다. 조어(釣魚)는 낚시의 한자어다. 낚시하러 나가는 것을 출조(出釣)라고 한다. 강(綱)은 동사로 그물질하다로 풀었는데, 강(綱)은 벼리로, 그물을 오므렸다 폈다 할 수 있게 하는 그물코를 꿴 두꺼운 줄이다. 흐르는 물을 가로질러 벼리를 치고 벼리에 날실을 연결하고 그 날실에 낚싯바늘을 달아 고기를 잡는 것이 여기서 말하는 그물질이다.

공자가 젊어서 가난하게 지냈기 때문에 제사에 쓸 고기와 손님을 대접하기 위해 때로는 고기를 잡는 일이 있었지만, 낚시로 필요한 양만 잡을 뿐, 많은 고기를 잡기 위해 그물을 치는 일은 없었다는 것이다.

《논어》 술이편에, 「공자는 낚시질은 해도 그물은 치지 않았다. 주살질을 해도 자는 새를 쏘지는 않았다(子釣而不綱 弋不射宿)」고 했다.

공자 자신이 그렇게 하라든가 한다든가 하는 말이 아니고, 제자들이 공자의 지난 일을 듣고 기록한 것이므로 이것은 어디까지나 공자의 개인적인 생활 태도라고 볼 수 있다. 후세 사람들은 이 점을 들어, 성인의 짐승에 대한 사랑의 표현이라고 말하고 있다.

그물질을 하면 어린 고기까지 다 잡게 되므로 차마 그러지를 못했고, 잠든 새를 쏘지 않는 것은 평화롭게 자는 것을 차마 놀라 깨우고 싶지 않은 마음 때문이었으리라.

공자 제자 72현

강(綱)은 굵은 줄에 그물을 달아 냇물을 가로질러 고기를 잡는 것이라고 주석을 하기도 하고, 혹은 「주낙」을 말한다고도 한다.

또 「조이불강」을 「조이불망(釣而不網)」이라고도 하는데, 오히려 알기가 쉽다. 익(弋)은 주살로, 화살에 명주실을 매어 쏘는 것을 말하고, 사(射)는 쏜다는 뜻이다. 살생을 하지 않는 것이 좋겠지만, 부득이한 경우라도 그것을 아끼는 마음과 택하는 마음이 필요할 것 같다. 이른바 마구잡이로 씨를 말리는 그런 행위는 도의적인 문제를 떠나 앞날을 생각지 않는 하루살이 생활과도 같은 지각없는 행동이 아닐 수 없다.

인(仁)의 시작은 부모와 형제, 자식이지만 궁극적 목표는 우주만물과 하나가 되는 것이다. 북송(北宋)의 성리학자 장재(張載)의 「만물은 나의 무리다(物吾與也)」라는 말처럼 만물을 인간의 지배의 대상이 아닌 더불어 살아가는 동료로 인식하는 것이다.

117. 釋紛利俗 竝皆佳妙 释纷利俗 竝皆佳妙

(석분이속 병개가묘)

❶		수 手	불 不	석 釋	권 卷
❷		제 諸	설 說	분 紛	분 紛
❸	조 朝	명 名	시 市	리 利	
❹	입 入	향 鄕	순 徇	속 俗	
❺		폭 輻	주 輳	병 竝	진 臻
❻		초 草	목 木	개 皆	병 兵
❼		점 漸	입 入	가 佳	경 境
❽	병 竝	개 皆	가 佳	묘 妙	

풀이

❶ 手不釋卷(수불석권) 手不释卷 손 手 아닐 不 놓을 釋 책 卷

항상 손에서 책을 놓지 않고 글을 읽으면서 부지런히 독서함을 이르는 말이다. 어려운 환경에서도 배우기를 좋아하는 사람이 항상 책을 곁에 두고 공부하는 것을 가리킨다.

《삼국지》 오지(吳志) 여몽전에 있는 말이다. 후한(後漢)이 멸망한 뒤 위(魏)·오(吳)·촉(蜀) 세 나라가 정립한 삼국시대에 오나라의 초대 황제 손권의 장수 여몽(呂蒙)은 전쟁에서 세운 공로로 장군이 되었다. 손권은 학식이 부족한 여몽에게 공부를 하라고 권하였다.

오주 손권

독서를 하지 않는 여몽에게 손권은 자신이 젊었을 때 글을 읽었던 경험과 역사와 병법에 관한 책을 계속 읽고 있다고 하면서 이렇게 말했다.

「후한의 광무제(光武帝)는 변방 일로 바쁜 가운데서도 손에서 책을 놓지 않았으며(手不釋卷), 위(魏)의 조조(曹操)는 늙어서도 배우기를 좋아하였다」

손권의 권유를 들은 여몽은 싸움터에서도 학문에 정진하였다. 그 뒤 손권의 부하 노숙(魯肅)이 옛 친구 여몽을 찾아가 대화를 나누다가 박식해진 여몽을 보고 놀랐다. 노숙이 여몽에게 언제 그만큼 많은 공부를 했는지 묻자, 여몽은 이렇게 말했다.

「선비가 만나고 헤어졌다가 사흘이 지난 뒤 다시 만날 때는 눈을 비비고 다시 볼 정도로 달라져야 한다(士別三日 卽當刮目相對)」

여기서 「괄목상대」의 유명한 고사가 생겨났다.

❷ 諸說紛紛 (제설분분)

诸说纷纷 모두 **諸** 말씀 **說** 어지러울 **紛**

여러 가지 의견이 뒤섞여 혼란(混亂)함.

❸ 朝名市利 (조명시리)

朝名市利 조정 **朝** 이름 **名** 저자 **市** 이로울 **利**

「명성은 조정에서, 이익은 시장에서 다투라」는 뜻으로, 무슨 일이든 때와 장소를 가려서 하라는 말이다.

《전국책》 진책(秦策)에 있는 이야기다.

전국시대 때 소진의 합종책에 대항해서 장의의 연횡책을 들고 나온 진나라는 결국 6국을 평정하고 전국을 통일하게 된다. 그 진나라가 한창 위세를 떨치던 혜문왕 때의 일이다. 조정에서는 촉(蜀)을 먼저 쳐야 한다는 사마조(司馬錯)와, 한(韓)을 치고 나가 중원으로 진출해야 한다는 장의의 의견이 갈려 한창 뜨거운 논쟁을 벌이고 있었다. 재상 장의가 말했다.

「먼저 초(楚)와 위(魏) 양국과는 국교를 맺은 다음 서쪽으로 한(韓)의

삼천(三川)으로 출병하여야 합니다. 그런 뒤 천자국인 이주(二周 : 동주와 서주)의 외곽을 들이치면 주나라는 스스로 구정(九鼎 : 천자를 상징하는 보물. 우임금 때 九州의 구리를 모아 만든 솥)을 내놓을 수밖에 없을 겁니다. 이때 천자를 끼고 천하를 호령한다면 누가 감히 우리에게 반기를 들 수 있겠습니까? 이것이 패왕의 공업입니다. 이제 촉은 서쪽의 먼 나라이며 오랑캐에 지나지 않으니 정벌해 보았자 패왕의 이름을 빛내기도 부족하고 국익에도 또한 도움이 되지 못합니다. 명예는 조정에서 다투고 이익은 시장에서 따진다(爭名者於朝 爭利者於市)고 들었습니다. 지금 삼천지방은 천하의 시장이고, 주나라는 천하의 조정입니다. 이런 요충지를 두고 촉을 공격한다는 것은 어리석은 일이라 생각합니다」

장 의

그러나 장의의 건의는 받아들여지지 않았다.

❹ 入鄕循俗(입향순속) 入乡循俗 들 入 마을 鄕 좇을 循 풍속 俗

자연에 내맡긴 순리로운 생활을 하는 것이 현명한 삶이다.

그 고장에 가서는 그 고장 풍속에 따르는 것이 「입향순속」이다.

「눈치가 빨라야 절에 가서도 새우젓을 얻어먹는다」는 말이 있지만, 그런 눈치 빠른 처세술은 「입향순속」과는 반대되는 방향이다. 모든 것을 대중들과 함께 따라 행하는 것이 입향순속이다.

설사 잘못된 풍속을 시정할 경우라도 함께 그 속에 들어가 따라 한 뒤라야만 서서히 그것을 고쳐 나갈 수 있는 것이다. 세상을 둥글게 살아가려는 사람이나, 세상을 올바로 이끌어 보겠다는 지도자나 다 이 「입향순속」의 교훈이 필요할 것 같다.

《회남자》 제속편(齊俗篇)에는,

「그 나라에 들어가는 사람은 그 고장의 풍속을 따른다(入其國者 從其俗)」고 했는데, 이와 같은 말이 《장자》 외편 산목(山木)에도 나와 있다. 즉 「그 풍속에 들어가서는 그 풍속에 따른다(入其俗 從其俗)」고 했다. 결국 자연에 내맡긴 순리로운 생활을 하는 것이 현명하게 사는 길이란 뜻이다.

특히 《중용(中庸)》에서는 「부귀에 처하여서는 부귀를 행하고, 빈천에 처하여서는 빈천을 행하고, 오랑캐에 처하여서는 오랑캐에서 행하고, 환란에 처하여서는 환란을 행한다(素富費 行乎富貴 素貧賤 行乎貧賤 素夷狄 行乎夷狄 素患難 行乎患難)」라고 하였다.

이것은 혼란했던 춘추전국시대의 중국인들에게는 자연스러운 현상이었을지도 모른다. 어제는 노(魯)나라의 국민이었는데, 오늘은 초(楚)나라의 시민이 될 수도 있었던 당시의 급박했던 현실을 반영한 것으로 보인다.

《예기》 곡례상편(曲禮上篇)에 「경계에 들어서면 금할 것을 물어보라(入境問禁)」고 했다.

타국에 들어가면 우선 그 나라에서 금하는 일부터 묻고 범하는 일이 없도록 조심하라는 뜻으로, 그 나라에 들어가면 그 나라의 풍속을 물어서 따르라는 말이다.

서양 격언에도 「로마에 가서는 로마법을 따르라」 고 한 말이 있다. 생활을 통해서 얻은 같은 세계관, 같은 인생관일 수 있을것 같다.

어떤 단체나 직장이나 다 그 나름대로의 전통이나 관습 같은 것이 있기 마련이다. 새로 부임한 중역이나 다른 데서 전입해 온 사원은 일단 선임자에게 그런 것들을 묻거나 듣고 보고 하며 보조를 맞춰 나가도록 노력하는 것이 순서일 것이다. 개선과 시정은 그 다음의 일이다.

⑤ 輻輳竝臻 (폭주병진)

辐辏竝臻 바퀴살통 **輻** 모일 **輳** 어우를 **竝** 이를 **臻**

수레바퀴의 바퀴살이 축의 중심을 향해 모이는 모습을 말한다.

한데 몰리는 모습을 폭주(輻輳)라고 한다. 「쇄도(殺到)하다」 라는 뜻이다.

폭(輻)은 바퀴살이다. 주(輳)는 바퀴살이 축으로 모여드는 모습이다. 폭주의 반대는 복사(輻射)다. 바퀴살이 바퀴 둘레를 향해 사방으로 뻗어나간다는 의미다.

《육도(六韜)》 에 있는 이야기다.

주(周) 문왕이 물었다.

「군신의 예법은 어찌해야 하오?」

강태공 여상이 대답했다.

「군주는 높이 임해 두루 살펴보고, 신하는 안심하고 아래서 보필합니다. 군주는 군림하면서 신하를 소원하게 대해서는 안 되고, 신하는

강태공 조어도(釣魚圖)

안정되게 보필하면서 숨기는 것이 없어야 합니다. 군주는 은택을 두루 펴야 하고, 신하는 안정되고 진중한 자세로 직무를 수행해야 합니다. 은택을 두루 펴는 것은 하늘을 본받은 것이고, 안정되고 진중한 자세는 땅을 본받은 것입니다. 군주와 신하의 자리와 직책이 분명하면 군신의 예법은 이내 이루어지게 됩니다」

여상의 본명은 강상(姜尙)으로, 그의 선조가 여(呂)나라에 봉하여졌으므로 여상(呂尙)이라 불렸고, 태공망이라고 불렀지만 강태공이라는 이름으로 알려져 있다. 주나라 문왕(文王)의 초빙을 받아 그의 스승이 되었고, 무왕을 도와 상(商)나라 주왕(紂王)을 멸망시켜 천하를 평정하였으며, 그 공으로 제(齊)나라 제후에 봉해져 그 시조가 되었다.

문왕이 물었다.

「군주의 몸가짐은 어찌해야 하오?」

여상이 대답했다.

「일을 처리할 때 자상하고, 원만하고, 조용한 모습을 보여야 합니다. 부드러우면서도 절도가 있어 안정된 자세를 갖추어야 한다는 것입니다. 또한 신민(臣民)에게 잘 베풀어야 합니다. 결코 신민과 이익을 다투어서는 안 됩니다. 겸허한 마음을 지녀야 하고, 사람과 사물을 대할 때 공정해야 합니다」

문왕이 물었다.

「군주가 신하의 말을 들을 때는 어찌해야 하오?」

여상이 대답했다.

「경솔히 허락의 뜻을 표해서도 안 되고, 면전에서 거절해서도 안 됩니다. 경솔히 허락하면 군주가 지켜야 할 절조(節操)를 잃게 되고, 면

주문왕과 강태공

전에서 거절하면 언로를 막게 됩니다. 군주는 마치 높은 산과 같은 모습을 보여야 신하가 그 봉우리를 볼 수 없고, 깊은 심연과 같아야 신하가 그 깊이를 헤아릴 길이 없게 됩니다. 군주는 신령(神靈)처럼 신통하고 밝은 덕을 모두 지니고 있어야 합니다. 그래야 비로소 지극히 공정하면서도 안정된 통치를 이룰 수 있습니다」

문왕이 물었다.

「군주는 어찌해야 사물을 밝게 볼 수 있소?」

여상이 대답했다.

「눈은 명량(明亮), 귀는 영민(靈敏), 마음은 기지(機智)를 귀하게 여깁니다. 천하의 눈으로 보면 보이지 않는 것이 없고, 천하의 귀로 들으면 들리지 않는 것이 없고, 천하의 마음으로 생각하면 알지 못하는 것이 없습니다. 바퀴살이 바퀴통으로 폭주(輻輳)해 나아가듯이 천하인

의 눈과 귀, 지혜가 군주에게 쏠리도록 하면 추호도 총명이 가려지는 일은 없습니다(目貴明 耳貴聰 心貴智 以天下之目視 則無不見也 以天下之耳聽 則無不聞也 以天下之心慮 則無不知也 輻輳竝進 則明不蔽矣)」

❻ 草木皆兵 (초목개병) 草木皆兵 풀 **草** 나무 **木** 모두 **皆** 군사 **兵**

「초목개병」은 서 있는 수풀이 다 적의 군사로 보인다는 뜻으로, 어떤 일에 크게 놀란 나머지 신경이 날카로워진 것을 비유한 말이다.

《진서》 부견재기(苻堅載記)에 있는 이야기다.

진(晋)나라 말년에 정치가 부패하자 서북과 북방의 몇 개 민족들이 진나라의 지배에서 벗어나 전후 16개 나라를 세웠는데, 이것이 바로 오호십육국(五胡十六國)이다.

그 중에서 가장 강대한 나라는 저족(氐族)에 의해 세워진 진(秦)나라였다. 역사에서는 이를 전진이라고 하며 당시의 진나라는 동남쪽에 위치해 있었기 때문에 동진이라고 한다.

어느 날, 전진(前晉)의 국왕 부견(苻堅)이 80만 대군을 이끌고 남침해서 중원지방을 차지하려고 하였다. 이때 진무제는 8만의 군사를 동원해서 저항했는데, 수적인 열세가 너무나 현저해서 도저히 승산이 없어 보였다.

이 때문에 많은 관원들은 지레 겁을 먹고 떨고 있었다. 그러나 선봉도독이었던 사현(謝玄)은 정예군 5천을 인솔하고 낙간(洛澗) 일대에서 부견의 군사 1만 5천 명을 일거에 섬멸한 다음 승승장구로 진격하였다.

이에 진왕 부견과 선봉장 부융(苻融)은 기세가 꺾여 주춤하였다. 그

풍성학려초목개병도(風聲鶴唳草木皆兵圖)

들의 수양성루에 올라가 진군의 군세를 살펴보니 그 기세는 하늘을 찌를 듯했고, 다시 서북쪽의 팔공산을 보니 산에 서 있는 초목들이 모두 적군의 병사처럼 보였다고 한다.

동진 군사들은 다시 비수(肥水)를 건너 용감하게 진격을 거듭해서 적장 부융을 사살하는 등 커다란 전과를 올렸다. 그 바람에 부견의 군사들은 일대 혼란에 빠지고 말았다.

그들은 밤에 바람소리가 나거나 학이 우는 소리(風聲鶴唳)만 들려와도 적병이 추격하는 줄 알고 벌벌 떨었다고 한다. 지칠 대로 지친 부견의 군사들은 이 싸움에서 거의 열의 일곱 여덟이 전사하였다. 이 싸움이 바로 적은 군사로 적의 대군을 물리친 것으로 역사상 유명한 비수대전(肥水大戰)이다.

「초목개병」은 바로 《자치통감》과 《진서》에서 부견이 「팔공산의 초목과 바람소리와 학의 울음소리를 모두 적병인 줄 알았다(八公山草木 風聲鶴唳 皆以爲晋兵)」라고 한 말에서 유래한 것인데, 「바람소리와 학의 울음소리」라는 뜻으로, 겁을 먹은 사람이 하찮은 일이나 작은 소리에도 몹시 놀람을 비유는 말로 쓰이는 「풍성학려(風聲鶴唳)」도 여기서 나온 말이다.

⑦ 漸入佳境 (점입가경)

漸入佳境 점점 漸 들 入 아름다울 佳 지경 境

가면 갈수록 경치가 더해진다는 뜻으로, 일이 점점 더 재미있는 지경(地境)으로 돌아가는 것을 비유하는 말로 쓰인다.

줄여서 「자경(蔗境)」 또는 「가경(佳境)」이라고도 한다.

《진서(晉書)》 고개지전(顧愷之傳)에 있는 이야기다.

고개지는 감자(甘蔗, 사탕수수)를 즐겨 먹었다. 그런데 늘 가느다란 줄기 부분부터 먼저 씹어 먹었다. 이를 이상하게 여긴 친구들이 물었다.

「사탕수수를 왜 거꾸로 먹나?」

고개지가 태연하게 대답했다.

「갈수록 점점 단맛이 나기 때문일세(漸入佳境)」

이때부터 「점입가경」이 경치나 문장 또는 어떤 일의 상황이 갈수록 재미있게 전개되는 것을 뜻하게 되었다고 한다.

고개지는 그림뿐만 아니라 문학과 서예에도 능하여 많은 작품을 남겼다. 사람들은 그를 삼절(三絶)이라 했는데, 삼절은 화절(畵絶)·재절(才絶)·치절(痴絶)이라 하였는데, 이는 당시의 풍속과 맞지 않는 특이한 말과 행동 때문으로 보인다.

이를테면, 남경(南京) 와관사(瓦棺寺) 창건 때의 일이다. 남경에 있던 일단의 승려들이 와관사를 짓기 위해서 헌금을 거두었다. 그러나 사람들이 궁핍한 탓에 생각대로 기금이 모이지 않았다.

어느 날, 한 젊은이가 와서, 「백만 전을 내겠소. 절이 완공되거든 알려주시오」 라고 하였다. 절이 완공되자 그 젊은이는 불당(佛堂) 벽에 유마힐(維摩詰)을 그렸다. 얼마나 정교한지 마치 살아 있는 것 같았다. 소문이 삽시간에 번져, 이를 구경하러 온 사람들의 보시가 백만 전을 넘었다고 한다. 이 젊은이가 바로 고개지였다.

유마힐

❽ 竝皆佳妙 (병개가묘)

竝皆佳妙 아우를 **竝** 다 **皆** 아름다울 **佳** 묘할 **妙**

《천자문》에 있는 말이다.

「얽힌 것을 풀어 세상을 이롭게 하니, 모두 다 아름답고 빈틈없는 것들이었다(釋紛利俗 竝皆佳妙)」

《사기(史記)》 노중련전(魯仲連傳)에 이런 이야기가 있다.

평원군이 천금을 보내서 노중련의 장수를 축하하자, 노중련은 이렇게 말했다.

「천하의 선비들이 귀하게 여기는 바는, 남을 위해서 근심을 없애주고, 어려운 일을 풀어 주며, 시끄럽고 어지러운 것을 해결해 주고서도 사례를 받지 않는 것이다」

118. 毛施淑姿 工嚬姸笑 (모시숙자 공빈연소) 毛施淑姿 工嚬姸笑

❶				모 毛	수 遂	자 自	천 薦
❷	도 倒	행 行	역 逆	시 施			
❸		요 窈	조 窕	숙 淑	녀 女		
❹	포 蒲	류 柳	지 之	자 姿			
❺		십 十	년 年	공 工	부 夫		
❻		서 西	시 施	빈 嚬	목 目		
❼		공 工	빈 嚬	연 姸	소 笑		
❽	오 五	십 十	보 步	소 笑	백 百	보 步	

풀이

❶ 毛遂自薦(모수자천) 毛遂自荐 터럭 毛 수행할 遂 스스로 自 추천할 薦

스스로 자신을 추천하다. 자진해서 나서다.

「모수가 스스로를 천거하다」라는 뜻으로, 부끄러움 없이 자기를 내세우는 사람을 빗대어 이르는 말이다.

《사기》 평원군열전에 있는 이야기다.

진나라가 조나라 서울 한단(邯鄲)을 포위하자, 조나라는 평원군 조승(趙勝)을 초나라로 보내 구원병을 청하게 했다. 평원군은 길을 떠날 때 문무를 겸한 문객 스무 명을 뽑아 데리고 가기로 하고, 인선에 들어갔으나 겨우 열아홉 명밖에 뽑지 못했다. 더 고를 만한 사람이 없었던 것이다. 이에 자청해서 나선 것이 모수(毛遂)였다.

모수자천 우표

평원군이 모수를 보고 이것저것 물어보니 그는 식객으로 들어온 지도 3년이나 되었다고 하는데 그의 눈에 들지 않았다는 사실로 보아 별다른 재주가 있는 것 같지 않았다.

「어떤 사람에게 재주가 있다면 마치 주머니 속 송곳처럼 당장 비어져 나왔을 걸세(譬若錐地處囊中 其末立見). 그대는 3년 동안이나 내 집에 있었으면서도 아무런 재주도 보여주지 못했으니 안되겠네」

평원군이 미덥지 않은 듯 말하자, 모수는 벌떡 일어서며 말했다.

모수 부조(浮彫)

「제가 저를 스스로 천거하려는 것은 바로 군께서 지금 나를 주머니 속에 넣어 달라는 뜻입니다. 일찌감치 저를 주머니 속에 넣었더라면 벌써 비어져 나왔을 게 아니겠습니까?」

평원군은 모수의 말도 그렇겠다 싶어 마침내 그를 스무 번째 수행원으로 발탁했다. 평원군은 20명의 문객을 거느리고 초나라 왕과 초나라 궁정에서 회담을 갖게 되었다. 그러나 마음이 착하기만 한 평원군과 진나라가 두렵기만 한 초왕과의 회담은 아침부터 시작해서 대낮이 기울도록 결정을 못보고 있었다. 보다 못한 문객들은 모수를 보고 올라가라고 했다. 모수는 칼을 한 손으로 어루만지며 성큼성큼 계단을 올라가 평원군에게 말을 건넸다.

「구원병을 보내는 것이 좋으냐 아니냐 하는 것은 두 마디로 결정될 일인데 해가 뜰 때부터 시작된 이야기가 한낮이 되도록 결정을 보지 못하는 것은 무엇 때문입니까?」

그러자 초왕이 평원군을 보고 물었다.

「저 손은 누구입니까?」

「이 사람은 신의 문객입니다」 그러자 초왕은 호통을 쳤다.

「어서 내려가지 못할까. 내가 너의 주인과 말하고 있는데, 네가 무슨 참견이란 말이냐?」 그러자 모수는 칼을 잡고 앞으로 나아갔다.

「왕께서 이 모수를 꾸짖으시는 것은 초나라 군대가 있기 때문입니다. 그러나 지금은 나와 열 걸음 안에 있으므로 초나라 군대가 아무 소용이 없습니다. 왕의 목숨은 이 모수의 손에 달려 있습니다. 우리 주인이 앞에 있는데 나를 꾸짖는 것은 무엇 때문입니까. 그리고 옛날 탕임금은 70리 땅으로 천하를 통일하고, 문왕은 백 리의 땅으로 제후들을 신하로 만들었습니다. …… 지금 초나라는 땅이 사방 5천 리에 무장한 군대가 백만에 이르고 있습니다. ……그런데 백기(白起)란 어린 것이 수만의 군대를 거느리고 초나라와 싸워, 한 번 싸움에 언영(鄢郢)을 함락시키고 두 번 싸움에 이릉(夷陵)을 불사르고 세 번 싸움에 왕의 선인(先人)을 욕되게 했습니다. 이 백 세의 원한을 조나라도 부끄러워하고 있는데, 왕께서는 미워할 줄을 모르고 계십니다. 두 나라의 연합은 실상 초나라를 위한 것이지 우리 조나라를 위한 것이 아닙니다. 우리 주인이 앞에 있는데 나를 꾸짖는 것은 무엇 때문입니까?」

무안군 백기

초왕은 서슬이 시퍼런 모수의 기세에 겁을 먹고, 또 진나라 백기에 당한 지난 일을 생각하니 복수의 감정이 치받기도 했다.

「선생 말을 듣고 보니 과연 그렇소. 삼가 선생을 따르겠소」

「그럼 출병은 결정된 것이옵니까?」

「그렇소」

그러자 모수는 초왕의 좌우에 있는 사람들을 시켜 맹약에 쓸 피를 가져오게 하고, 피가 담긴 구리쟁반을 자기가 받아 든 다음, 무릎을 꿇고

모수의 묘

초왕 앞에 들이밀며 말했다.

「대왕께서 마땅히 먼저 피를 마시고 맹약을 정하십시오. 그 다음은 저의 주인이요, 그 다음은 이 모수가 하겠습니다」

이렇게 궁전 위에서 맹약을 끝마치자, 모수는 왼손에 피 쟁반을 들고 오른손으로 열아홉 명을 손짓해 말했다.

「당신들은 함께 이 피를 대청 아래에서 받으시오. 당신들은 녹록한 사람들로 이른바 남으로 인해 일을 이룩하는 사람들입니다(公相與歃此血於堂下 公等錄錄 所謂因人成事者也)」

이리하여 초나라로부터 구원병을 얻는 데 성공한 평원군은 모수를 가리켜, 「모선생의 세 치 혀가 백만의 군사보다도 더 강하다(三寸之舌强于百萬之師)」 고 칭찬했다.

❷ 倒行逆施 (도행역시)

倒行逆施 거꾸로 **倒** 행할 **行** 거스를 **逆** 베풀 **施**

일상 도리에 벗어난 일을 하거나 억지로 행함.

《사기(史記)》 오자서열전에 있는 이야기다.

춘추시대의 정치가로 오자서(伍子胥)는 이름을 운(員)이라 했다. 자서는 그의 자(字)다. 오자서의 아버지 오사(伍奢)는 초평왕의 태자 건(建)의 태부로 충신이었는데, 같은 태자 건의 소부(少傅)였던 비무기의 음모에 의해 억울한 죽음을 당하게 되었다. 오사를 죽이는 데 성공한 비무기(費無忌)는 다시 평왕을 시켜 오사의 아들 오상(伍尙)과 자서를 죽일 음모를 꾸민다. 그러나 오상만이 아버지를 따라 죽고 자서는 그 음모를 미리 알아차리고 망명길을 떠나게 된다.

왕은 오자서를 잡기 위해 전국에 영을 내려 길목을 지키게 하고, 거리마다 오자서의 화상을 그려 붙이고 많은 현상금과 무시무시한 형벌로 아무도 오자서를 숨겨주지 못하게 했다. 오자서는 키가 열 자에 허리가 두 아름이나 되었고, 쟁반만한 얼굴에 두 눈은 샛별처럼 빛났기 때문에 변장으로 사람의 눈을 피할 수는 없었다. 그는 낮에는 산 속에 숨고 밤에만 오솔길을 찾아 도망을 해야 했다.

이렇게 천신만고 끝에 오나라로 망명한 오자서는 마침내 뜻을 이루어 오나라의 강한 군사를 거느리고 초나라로 쳐들어가게 되었다. 초나라는 여지없이 패해 수도가 오나라 군사 손에 떨어지고, 평왕은 이미 죽고 그의 아들 소왕(昭王)은 태후와 왕비마저 버린 채 간신히 난을 피해 도망을 치게 된다.

소왕을 놓쳐버린 오자서는 평왕의 무덤을 찾았다. 그러나 평왕은 오자서의 복수가 두려워 그의 무덤을 깊은 못 속에 만들고, 일을 다 끝낸 뒤 일에 동원된 석공 5백 명을 모조리 물속에 수장시켜 버렸다. 수십 리에 걸친 못에는 물만 출렁거릴 뿐 어느 곳에 묻혀 있는지 위치마저 짐작할 길이 없었다.

그러던 중 평왕의 무덤 공사에 동원되었던 한 노인의 안내로 마침내 평왕의 무덤을 찾을 수 있었다. 노인의 지시에 따라 장롱 같은 돌로 만들어진 물속의 무덤을 하나하나 뜯어내기 시작했다. 못 바닥 몇 길 밑에 들어 있는 돌무덤을 열고 엄청나게 무거운 석곽을 들어올렸다. 그러나 그 속에서 평왕의 시체는 볼 수 없었다.

그것은 사람의 눈을 속이기 위한 가짜 널이었다. 다시 한 길을 파내려가니 진짜 널이 나왔다. 수은으로 채워진 널 속에 들어 있는 평왕의 시체는 살아 있을 때 모습 그대로였다. 순간 오자서의 복수심은 화약처럼 폭발했다. 왼손으로 평왕의 목을 조르고 무릎으로 그의 배를 누른 다음 오른 손가락으로 그의 눈을 잡아 뽑으며 욕을 했다.

「충신과 간신을 구별 못하는 네놈의 눈을 뽑아버리겠다……」

그리고는 그의 아홉 마디 철장(鐵杖)으로 시체를 옆에 뉘어 놓고 3백 대를 쳤다. 뼈와 살이 흙과 함께 뒤범벅이 되었다.

오자서의 둘도 없는 친구 신포서(申包胥)는 이 소식을 듣자, 사람을 보내 오자서에게 이렇게 일렀다.

「그대의 그런 복수 방법은 너무 지나치지 않은가?」

그 말에 오자서도 할 말이 없었든지 이렇게 전해 보냈다.

「나는 날이 저물고 길이 멀어서, 그렇기 때문에 거꾸로 걸으며 거꾸로 일을 했다(吾日暮途遠 吾故倒行而逆施之)」

이 복수를 일러 「굴묘편시(掘墓鞭屍)」라고 한다. 여기서 또 「일모도원(日暮途遠)」 성어가 생겨났다.

❸ 窈窕淑女 (요조숙녀)

窈窕淑女 얌전할 **窈** 정숙할 **窕** 맑을 **淑** 계집 **女**

행실과 품행이 고운 여인은 군자의 좋은 배필이 된다.

《시경》 국풍(國風) 맨 첫편인 관저(關雎)에 나오는 말이다.

꽉꽉 우는 물새는

모래톱에 있네.
요조한 숙녀는
군자의 좋은 짝이로다.
들쭉날쭉한 마름 풀을
이리저리 찾는구나.
요조한 숙녀를
자나 깨나 구한다.
구해도 얻을 수 없으니
자나 깨나 생각한다.
생각하고 생각하며
이리 뒤척 저리 뒤척 하네.

문왕의 아내 태사

關關雎鳩　在河之洲　관관저구 재하지주
窈窕淑女　君子好逑　요조숙녀 군자호구
參差荇菜　左右流之　참차행채 좌우유지
窈窕淑女　寤寐求之　요조숙녀 오매구지
求之不得　寤寐思服　구지부득 오매사복
悠哉悠哉　輾轉反側　유재유재　전전반측

여기서 군자는 문왕(文王)을 가리키고 숙녀는 문왕의 아내인 태사(太姒)를 가리킨다. 이 시에서 얌전하고 조용한 여자라는 뜻의 「요조숙녀(窈窕淑女)」란 말과 자나 깨나 구한다는 「오매구지」, 자나 깨나 생각한다는 「오매사복」이란 성구가 나오고, 또한 「전전반측(輾轉反側)」이란 말도 나오는데, 오매불망과 비슷한 뜻이다.

공자는 후에 이 시의 아름다움을 극찬하여, 《논어》 팔일편에서,

「즐거워하되 지나치지 않고, 슬퍼하되 몸을 해치는 데에는 이르지 않는 것이다(樂而不淫 哀而不傷)」라고 하였다.

❹ 蒲柳之姿(포류지자)　蒲柳之姿　부들 **蒲** 버들 **柳** 의 **之** 맵시 **姿**

갯버들 같은 모습이라는 뜻으로, 허약한 몸을 이르는 말.

포류(蒲柳)는 시냇가에 나는 갯버들을 말한다. 「포류지질」 혹은 포류질은 땅버들처럼 연약한 체질이란 뜻이다.

이 땅버들을 항상 푸른 모습으로 꿋꿋이 서 있는 소나무와 비교해서 잎이 일찍 떨어지는 연약한 나무란 뜻으로 인용해 쓴 사람은 동진의 고열지(顧悅之)였다.

《세설신어(世說新語)》 언어편에 있는 말이다.

갯버들

고열지는 간문제(簡文帝)와 동갑이었는데도 일찍 머리가 하얗게 세어 있었다. 그래서 간문제가, 「경은 어째서 나보다 먼저 머리털이 세고 말았는가」 하고 물었다. 그러자 그는,

「땅버들의 형상은 가을이 오기 전에 먼저 잎이 떨어지고, 소나무 잣나무의 바탕은 서리를 지나 더욱 무성하옵니다(蒲柳之姿 望秋而落 松柏之質 經霜彌茂)」 하고 대답했다. 자신을 포류에 비유하

고 간문제를 송백에 비유한 것이다.

그의 간문제에 대한 이 대답은 멋이 있는 대답으로 당시 평판이 되고 있었던 것 같다.

고열지는 몸은 허약해서 일찍부터 머리가 세었는지 모르지만, 마음은 송백같이 곧아 권세에 아부하는 일이 없었다. 그래서 그의 벼슬은 상서우승(尙書右丞)이란 중앙청 국장급에 그치고 말았다 한다.

문인화(文人畵)의 시조로 알려진 유명한 고개지(顧愷之)는 바로 고열지의 아들이다.

❺ 十年工夫 (십년공부)

十年工夫 열 **十** 해 **年** 장인 **工** 지아비 **夫**

십 년이나 쌓은 공(功).

공부(工夫)는, 「방법을 생각해 냄, 품성이나 수양, 의지의 단련, 학문이나 기술을 배움, 배운 것을 연습함, 토목 공사에 종사하는 인부」 등을 나타내는 말이다.

공부는 사전적 의미로는 학문과 기술을 닦는 일. 원불교에서는 삼학 수행으로 제생의세(濟生醫世)하는 모든 노력을 이른다. 공부는 원래 공부(功扶)를 의미했다. 그 뜻과 형태가 축약되어 현재 공부(工夫)라는 용어로 사용되고 있다. 본래는 공(功)은 성취하다, 부(扶)는 돕는다는 뜻으로 무엇을 도와 성취하다는 의미를 지녔다.

「십년공부 도로 아미타불」이라는 속담이 있다. 오랫동안 공들여 해 온 일이 허사가 된 경우를 비유적으로 이르는 말이다.

❻ 西施嚬目 (서시빈목)

西施嚬目 서녘 **西** 베풀 **施** 찡그릴 **嚬** 눈 **目**

서시 조상(彫像)

공연히 남의 흉내를 내어 세상 사람의 웃음거리가 됨을 이름.

「서시빈목」은 서시가 눈살을 찌푸린다는 말이다. 서시라는 미녀를 무조건 흉내 내었던 마을 여자들의 이야기에서 생겨난 말로서, 공연히 남의 흉내만 내는 일을 풍자한 것이다.

춘추시대 말 오(吳)·월(越) 양국의 다툼이 한창일 무렵, 월왕 구천이 오왕 부차의 방심을 유발하기 위해 헌상한 미희 50명 중에서 제일가는 서시(西施)라는 절색(絶色)이 있었다.

이 이야기는 그 서시에 관해서 주변에 나돌았던 이야기로 되어 있으나, 말하는 사람이 우화의 명수인 장자이므로 그 주인공이 서시가 아니라도 좋을 것이다.

《장자》 천운편에 있는 이야기다.

서시가 어느 때 가슴앓이가 도져 고향으로 돌아갔다. 아픈 가슴을 한 손으로 누르며 눈살을 찌푸리고 걸어도 역시 절세의 미인인지라, 다시 보기 드문 풍정(風情)으로 보는 사람들을 황홀케 했다.

그것을 본 것이 마을에서도 추녀로 으뜸가는 여자인데, 자기도 한손으로는 가슴을 누르고 눈살을 찌푸리며 마을길을 흔들흔들 걸어보았으나 마을 사람들은 멋있게 보아주기는커녕 그렇지 않아도 추한 여자의 징글맞은 광경을 보고 진저리가 나서 대문을 쾅 닫아버리고 밖으로 나오려는 사람도 없었다.

그런데 이 이야기로 장자는 공자의 제자인 안연(顔淵 : 안회)과 도가적(道家的) 현자로서 등장시킨 사금(師金)이란 인물과의 대화 속에서 사금이 말하는 공자 비평의 말에 관련시키고 있다.

안 연

요컨대 춘추의 난세에 태어나서 노(魯)나 위(衛)나라에 일찍이 찬란했던 주(周)왕조의 이상정치를 재현시키려는 것은 마치 자기 분수도 모르고 서시의 찡그림을 흉내 내는 추녀 같은 것으로, 남들로부터 놀림 받는 황당한 이야기라는 것이다.

「효빈(效矉)」이라고도 한다.

❼ 工嚬姸笑(공빈연소)

工嚬姸笑 공교할 **工** 찡그릴 **嚬** 고울 **姸** 웃을 **笑**

「모장과 서시는 아름다운 자태를 지녀서 웃어도 예쁘고 찡그려도 남이 흉내냈다(毛施淑姿 工嚬姸笑)」

《천자문》에 있는 말이다.

모장(毛薔)과 서시(西施)는 찡그리는 모습도 예쁘고 웃는 모습은 말할 나위 없이 고왔다. 월왕(越王) 구천(句踐)이 사랑했던 모장과 또 월나라 여인 서시는 절세미인으로서 찡그리는 모습조차 아름다워 흉내 낼 수 없었거늘, 하물며 그 웃는 얼굴이야 얼마나 아름다웠으랴.

모 장

《장자》 천운편에 있는 이야기다.

서시가 어느 때 가슴앓이가 도져 고향으로 돌아갔다. 아픈 가슴을 한손으로 누르며 눈살을 찌푸리고 걸어도 역시 절세의 미인인지라, 다시 보기 드문 풍정(風情)으로 보는 사람들을 황홀케 했다.

그것을 본 것이 마을에서도 추녀로 으뜸가는 여자인데, 자기도 한손으로는 가슴을 누르고 눈살을 찌푸리며 마을길을 흔들흔들 걸어보았으나 마을 사람들은 멋있게 보아주기는커녕 그렇지 않아도 추한 여자의 징글맞은 광경을 보고 진저리가 나서 대문을 쾅 닫아버리고 밖으로 나오려는 사람도 없었다.

오 십 보 소 백 보 五十步笑百步

❽ 五十步笑百步 다섯 **五** 열 **十** 걸음 **步** 웃을 **笑** 일백 **百**

오십 보를 달아난 사람이 백 보를 달아난 사람을 보고 웃었는데, 실상 도망간 것은 마찬가지라는 말. 피차의 차이는 있으나 본질적으로는 같다는 말이다. 「대동소이(大同小異)」와 비슷한 말.

그거나 이거나 별게 없다든가, 마찬가지란 뜻으로 「오십보소백보(五十步笑百步)」란 말을 쓴다. 백 보면 50보의 배가 되는데 어떻게 마찬가지일 수 있을까? 즉 50보를 도망친 사람이 백 보 도망친 사람을 보고 겁쟁이라고 비웃는다는 비유에서 생겨난 말이다. 결국 도망친 건 마찬가지니까 50보 백 보를 따질 것이 없다는 이야기다.

맹자와 양혜왕

《맹자》 양혜왕 상에 있는 양혜왕과 맹자와의 대화에서 나오는 말이다. 맹자는 기원전 371년에 탄생했다는 설이 있으나 확실치 않다. 기원 전 5세기에서 3세기에 걸쳐 계속된 전국시대의 극성기, 즉 4세기 중엽에 살고 있던 사람이다.

그 난마와 같이 얽힌 세상에서 인도주의적인 공자의 가르침을 펴고, 인의(仁義)의 도를 역설하며 다니던 맹자는 당시 사람들 눈에는 매우 기이한 존재로 비쳤을 것이다.

더구나 맹자는 철저한 이상주의자로 남에게 자기의 학설을 말할 때의 그의 입과 혀는 대사자후(大獅子吼) 그대로였다. 또 그만큼 기백이 담긴 날카로운 변설을 전개했다.

당시의 사상가나 책략가, 지혜자들은 여러 나라 왕을 상대로 유세하고 다녔는데 맹자도 역시 많은 왕과 만나 유세를 했다. 위(魏)나라의 혜왕(惠王)에게 초청을 받았을 때의 이야기다.

맹 자

양혜왕은 맹자에게 자기 자랑과 함께 이런 질문을 한다.

「과인은 나라 일에 정성을 다하고 있습니다. 하내(河內)가 흉년이 들면 그곳 백성들을 하동(河東)으로 옮기고, 하동의 곡식을 하내로 옮깁니다. 그리고 하동이 흉년이 들었을 때도 마찬가지로 백성들과 곡식을 서로 옮기곤 합니다. 이웃나라의 정치를 살펴볼 때 과인처럼 마음을 쓰는 사람이 없습니다. 그런데도 이웃나라 백성이 더 줄지도 않고, 과인의 백성이 더 많아지지도 않으니 어찌된 일입니까?」

맹자는 이렇게 대답했다.

「왕께선 전쟁을 좋아하시니 싸움으로 비유를 하겠습니다. 북을 크게 울려 양쪽 군사가 서로 접전을 한 끝에 갑옷을 버리고 창을 끌며 달아난다고 가정합시다. 이때 혹은 백 보쯤 가서 걸음을 멈추고 혹은 50보쯤 가서 걸음을 멈추는데, 50보에서 걸음을 멈춘 사람이 백 보를 달아난 사람을 보고 웃는다면 이를 어떻게 보시겠습니까?」

「그야 있을 수 없는 일이지요. 비록 백 보는 아니더라도 달아난 것은 역시 달아난 것이니까요」

「왕께서 만일 50보로 백 보를 웃는 것이 옳지 못한 줄 아신다면, 백성이 다른 나라보다 많아지기를 바라지 마십시오」

그런 다음 맹자는 근본적인 정치 개혁안을 구체적으로 제시한다.

맹자의 고거(古居)

결국 근본적인 문제 해결을 꾀하지 않고 지엽말단의 임시방편 같은 것으로 효과를 바란다는 것은 50보가 백 보를 웃는 어리석은 짓이라는 것이다. 인간은 거의가 이런 과오를 범하고 있는 것이 아닐까?

119. 年矢每催 羲暉朗耀 年矢每催 羲暉朗耀

(연시매최 희휘랑요)

❶ 百年偕老 (백년해로)

❷ 嚆矢 (효시)

❸ 何面目見之 (하면목견지)

❹ 登泰山而小天下 (등태산이소천하)

❺ 韋編三絶 (위편삼절)

❻ 寸草春暉 (촌초춘휘)

❼ 射人先射馬 (사인선사마)

❽ 水淸無大魚 (수청무대어)

풀이

119. 年矢每催 羲暉朗耀 年矢每催 羲暉朗耀

연시매최 희휘랑요

해 **年** 화살 **矢** 매양 **每** 재촉할 **催** 아침 **羲** 햇빛 **暉** 밝을 **朗** 빛날 **耀**

「세월은 화살과 같아 매양 재촉하는데, 아침 햇살은 언제나 밝고 빛나는구나(年矢每催 羲暉朗曜)」

《천자문》에 있는 말이다.

밝은 햇살과 맑은 하늘은 매양 있는 듯하나 세월은 화살처럼 빠르니 일생을 충실하게 살도록 마음먹어야 한다는 말이다.

<*천자문 나무 줄기에 갈색이 아닌 초록색 바탕의 고사성어는 천자문 글자의 성어가 불가능해서 우리 생활에 흔히 쓰이는 고사성어로 대체했다>

❶ 百年偕老 百年偕老 일백 **百** 해 **年** 함께 **偕** 늙을 **老**

백년해로

부부의 인연을 맺어 평생을 같이 즐겁게 지낸다는 말.

《시경(詩經)》 격고(擊鼓)에 나오는 이야기다. 「격고」는 고향을 떠나 멀리 떨어진 전장에서 아내를 그리워하는 한 병사가 읊은 애달픈 심정을 노래한 시다.

죽거나 살거나 함께 고생하자던
그대와 굳게 언약하였지
섬섬옥수 고운 손 힘주어 잡고

단둘이 오순도순 백년해로하자고

死生契闊 與子成說　사생계활 여자성설
執子之手 與子偕老　집자지수 여자해로

언제 죽을지 모르고 고향에 돌아갈 날만 손꼽아 기다리는 병사의 심정을 그대로 그린 시다. 전장에서 처량한 신세를 한탄하면서 하염없이 남편이 오기만을 기다리는 아내를 생각하니 억장이 무너지며, 생이별을 참고 견디어야 하는 병사의 심정이다.

우리 속담에 「검은 머리가 파뿌리가 되도록」이라는 말이 있듯이, 부부가 한번 인연을 맺으면 죽을 때까지 같이 사는 것을 행복한 삶으로 간주한다.

백년해로에 대해서는 또 다른 표현도 있다.

《시경》 왕풍(王風) 「대거(大車)」란 시는 이루기 어려운 사랑 속에서 여자가 진정을 맹세하는 노래로 보아서 좋은 시다. 3장으로 된 마지막 장에 「동혈」이란 말이 나온다.

살아서는 방을 같이 쓰고
죽어서는 무덤을 같이 쓰네
나를 참되지 않다지만
저 해를 두고 맹세하리

生則同室 死則同穴　생즉동실 사즉동혈
謂予不信 有如皦日　위여불신 유여교일

「유여교일(有如皦日)」은 자기 마음이 밝은 해처럼 분명하다고 해석되는데, 해를 두고 맹세할 때도 흔히 쓰는 말로, 만일 거짓이 있으면

저 해처럼 없어지고 만다는 뜻으로 풀이되기도 한다. 하여간 거짓이 없다는 뜻임에는 틀림이 없다.

❷ 嚆矢(효시) 嚆矢

울 **嚆** 화살 **矢**

사물의 시초.

「효시(嚆矢)」는 소리 나는 화살을 말한다. 향전(響箭)이라고도 한다. 옛날 중국에서는 이 우는 화살을 적진에 쏘아 보냄으로써 개전(開戰)의 신호로 삼았다고 한다. 그래서 모든 것의 시초나 선례를 가리켜 「효시」라 말하게 되었다. 비슷한 성구로 「남상(濫觴)」과 「비조(鼻祖)」가 있다.

이 말이 가장 먼저 쓰인 예는 《장자》 재유편에서 볼 수 있다.

장 자

「지금 세상은 처형당한 사람의 시체가 서로 베개를 하고, 차꼬를 찬 사람이 서로를 밀며, 형벌을 받아 죽음을 당할 사람이 서로를 바라보고 있다. 그런데도 유가(儒家)와 묵가(墨家)의 사람들은 이런 차꼬를 찬 사람들 사이를 오가면서 발가락이 빠지도록 팔을 걷어붙이고 있다.

오호라 심하구나! 부끄럼도 없고, 부끄러운 줄도 모른다. 심하구나! 나는 성인의 지혜가 죄인의 목에 거는 큰 칼과 발에 거는 차꼬가 되지 않고, 또 이른바 인(仁)이니 의(義)니 하는 것이 차꼬와 수갑의 빗장이 되지 않은 예를 알지 못한다.

효도로 유명한 증삼(曾參)과 강직하기로 유명한 사유가 폭군인 걸(桀)과 가장 큰 도둑인 척(跖)의 효시가 아니란 것을 어떻게 알 수 있겠는가. 그러므로 성(聖)을 끊고, 지(知)를 버려야 천하가 크게 다스려진다고 말하는 것이다」

술잔을 띄울 만한 조그만 물이란 뜻의 「남상(濫觴)」이란 성어가 있다. 남(濫)은 물이 넘친다는 뜻도 되는데, 여기서는 물 위에 뜬다는 뜻이다. 상(觴)은 술잔을 말한다. 즉 「남상」은 술잔을 띄울 만한 조그만 물이란 뜻이다.

이것은 《순자》 자도편에도 거의 같은 글이 실려 있다. 큰 배를 띄우는 큰 강물도 그 첫 물줄기는 겨우 술잔을 띄울 만한 작은 물이란 뜻에서, 모든 사물의 처음과 출발점을 말하여 남상이라 한다.

❸ 何面目見之 (하면목견지)

何面目见之 어찌 **何** 낯 **面** 눈 **目** 볼 **見** 이 **之**

오강(烏江)

「하면목견지」는 「어찌 이를 대할 낯이 있겠는가」라는 뜻으로, 볼 면목이 없다는 말이다. 《사기》 항우본기에 있는 이야기다. 한고조 5년(BC 202) 한·초(漢楚)의 싸움은 막판으로 접어들었다. 항우는 해하(垓下)로 몰려

「사면초가(四面楚歌)」를 듣고 마침내 유방 앞에 힘이 다했다.

우미인(虞美人)과 이별한 뒤 애마 추(騅)에 올라타고 겨우 8백여 기로 포위를 돌파한 항우는 이윽고 28기가 된 것을 보자 최후의 결의를 굳혔지만, 임회(臨淮)에서 한바탕 한군을 짓밟고 나서는 어느 틈엔가 남으로 남으로 향하고 있는 자신을 발견했다.

항우 해하도

얼마 후 장강(長江 : 양자강)의 북안으로 나왔다. 오강(烏江)을 동으로 건너려고 했던 것이다. 건너기만 하면 그곳은 자기가 거병한 강동 땅이다. 그 때 오강의 정장(亭長)이 배를 대고 그를 기다리고 있는 것이 보였다. 그 정장은 항우를 보자 이렇게 말했다.

「강동은 천하로서 보면 비록 작으나 지방이 천 리, 백성이 수십만으로 아직도 왕이 될 만한 곳입니다. 부디 대왕께서는 급히 건너십시오. 다른 배가 없으니 한군이 쫓아온다 해도 건너지 못합니다」

그러자 항우는 보기 드물게도 웃고서는 그것을 거절했다.

「이미 하늘이 나를 버렸다. 나는 건너지 않겠다. 그뿐 아니다. 8년 전 나는 강동의 자제 8천 명과 함께 이 강을 건너 서쪽으로 향했으나 지금 나와 돌아가는 자는 한 사람도 없다. 가령 강동의 부형이 불쌍히 여겨 왕으로 앉혀 주더라도 어찌 대할 낯이 있겠는가(何面目見之)」

항우는 한군의 맹렬한 추격을 받아가며 고전 끝에 그래도 마음이 강동에 끌려 거기까지 온 자기를 부끄럽게 생각했으리라. 수년 전 함양을 함락시켰을 때 「비단옷을 입고 밤길을 간다(錦衣夜行)」 고 하며 고향으로 돌아간 자기가 이제는 단기(單騎)에다 전진(戰塵)투성이의 날개 떨어진 새 꼴이 되어 도망쳐 다니는 것이 뼈에 사무쳤을 것이다.

항우의 최후

「무슨 면목으로 이를 대하겠는가(何面目見之)」 그것은 자못 전국의 패왕이 자신에게 들려주기 알맞은 최후의 말이었다. 항우는 애마를 정장에게 주고는 아무 미련 없이 떼 지어 덤비는 한군 속으로 돌진했다. 수백 명을 죽인 다음, 한군 속에 있는 옛 친구를 발견하고,

「내 목을 잘라 공을 세우라!」 하고 말하고는 스스로 목을 쳐 죽었다. 아직 31세의 젊음이었다. 그 목에는 천금과 만호의 읍이 상으로 걸려 있었다. 떼 지어 덤비는 한나라 병사들 때문에 항우의 몸은 산산조각이 났다. 서로 빼앗기 위해 수십 명이 죽이고 죽고 했다. 조각난 시체는 다시 맞추어져 항우의 시체임이 확인되었다.

그 광경은 「무슨 면목으로 이를 대하겠느냐」 고 말한 항우의 말과 현저하게 대조적이었다. 창자가 꿰어져 나오고 아무렇게나 뒹굴려 놓은 토막토막이 뜯어 맞추어진 이상한 시체는 12월 한풍에 불려 덧없는 인간세계를 비웃고 있는 것처럼 보였다.

❹ 登泰山而笑天下 登泰山而小天下

등 태 산 이 소 천 하

오를 **登** 클 **泰** 뫼 **山** 말이을 **而** 작을 **小** 하늘 **天** 아래 **下**

태 산

「태산(泰山)에 올라가면 천하가 조그맣게 보인다」고 하는 뜻으로, 사람은 그가 있는 위치에 따라 보는 눈이 달라진다는 말이다.

《맹자》 진심상에 있는 말로서, 원문을 소개하면 이런 내용이다.

「공자께서 노나라 동산(東山)에 올라가서는 노나라를 작게 여기시고, 태산에 올라가서는 천하를 작게 여기셨다. 그렇기 때문에 바다를 구경한 사람에게는 어지간한 큰 강물 따위는 물같이 보이지 않고, 성인(聖人)의 문에서 배운 사람에게는 어지간한 말들은 말같이 들리지가 않는 법이다……」

맹자는 이 말에 이어 물의 성질과 해와 달의 밝음과 진리에 뜻을 둔 사람의 걸어가야 할 길에 대해서 설명하고 있다.

노나라는 조그만 나라다. 그러나 도성이나 시골이나 앞이 막힌 평지에서는 노나라가 큰지 작은지를 볼 수도 알 수도 없다. 설사 간접적인 견문을 통해 노나라가 작은 나라인 것을 알고 있다 해도 그것을 실제로 느끼지 못한다.

맹 자

그러나 노나라가 어느 정도인 것을 환히 굽어보게 되므로 노나라가 과연 작은 나라로구나 하는 것을 알게 된다.

그러나 노나라가 조그맣게 보이는 동산(東山)에서는 천하가 어느 정도 넓다는 것을 모른다. 다만 넓은 천하에 비해 노나라가 작은 것만을 알 뿐이다. 하지만 높이 솟은 태산 위에 올라 보면 넓은 줄만 알았던 천하마저 조그맣게 보이는 것이다.

이와 마찬가지로, 바다를 구경한 사람은 크게 보이던 강물이 너무도 작게 생각되고, 성인과 같은 위대한 분에게 조석으로 가르침을 받은 사람은, 옛날 좋게 들리고 훌륭하게 느껴졌던 말들이 한갓 말재주나 부린 알맹이 없는 것으로 느껴질 뿐이라는 것이다.

이상이 맹자가 한 말의 본뜻이었는데, 지금은 이 「태산에 오르면 천하가 작게 보인다」는 말을 좋은 뜻에서보다 사람의 일관성 없는 태도를 비유해서 말하기도 하고, 「개구리가 올챙이 적 생각을 못한다」는 의미로 쓰이기도 한다.

❺ 韋編三絶 (위편삼절) 韦编叁绝 가죽 **韋** 책끈 **編** 석 三 끊을 **絶**

가죽으로 맨 책의 끈이 닳아 끊어질 정도로 독서에 힘씀.

《사기》 공자세가(孔子世家)에 있는 말로, 공자가 만년에 《주역》을 좋아해서 어찌나 여러 번 읽고 또 읽고 했든지, 대쪽을 엮은 가죽 끈이 세 번이나 끊어졌다고 한 데서 나온 말이다. 즉, 「공자가 늦게 《역(易)》을 좋아하여……역을 읽어 가죽 끈이 세 번 끊어졌다」고 했다. 그래서 공자 같은 성인으로서도 학문연구를 위해서는 피나는 노력을 해야만 했다는 한 예로서 이 말이 인용되기도 하고, 또 후인들의 학문에 대한 열의를 나타내는 말로도 인용되곤 한다.

공 자

서양의 명언에도 "There is no royal road to learning." (학문에 왕도란 없다)라고 했다. 또 "Genius is one percent inspiration and ninety-nine percent perspiration." {천재는 99퍼센트가 땀(노력)이고 1퍼센트만이 영감이다}라는 에디슨의 명언과 같이 공자의 위대한 문화적 업적 가운데는 이 「위편삼절」과 같은 노력이 숨어 있었다는 것을 알 수 있다. 공자는 스스로를 평하기를, 「나는 발분(發憤)하여 밥 먹는 것도 잊고, 즐거움으로 근심마저 잊은 채, 세월이 흘러 몸이 늙어가는 것조차 모른다」고 했다.

공자는 또 음악을 좋아했는데, 제나라로 가서 소(韶)라는 음악을 들었을 때는 석 달 동안 고기 맛을 모를 정도로 열중한 끝에, 「내가 음악을 이렇게까지 좋아하게 될 줄은 미처 몰랐다」고 했다.

❻ 寸草春暉(촌초춘휘) 寸草春晖 마디 **寸** 풀 **草** 봄 **春** 빛날 **暉**

「풀 한 포기와 봄날의 햇볕」이라는 뜻으로, 부모의 은혜는 일만 분의 일도 갚기 어려움을 이르는 말

맹교 유자음 석조(石彫)

당(唐)나라의 시인 맹교(孟郊)의 시에 나오는 말이다.

맹교는 가난한 집안 출신으로 46세가 되어서야 진사시험에 합격하여 관직에 오를 수 있었다. 그러나 관리가 되고 나서도 성격이 강직한 탓에 윗사람으로부터 눈총을 받아 평생을 하급관리로 생애를 마쳤다.

이 같은 그의 강직해서 불우한 삶이 그의 작품에도 드러나, 자신의 처지와 백성들이 생활하면서 겪는 아픔을 묘사한 시들이 많다. 그의 대표작 가운데 하나인 「유자음(遊子吟)」에서는 길을 떠나는 아들에게 입힐 옷을 정성들여 짓는 어머니의 사랑을 묘사하고 있다.

자애로우신 어머니 바느질감 들고
먼 길 떠나는 아들 입을 옷을 지으시네
떠날 때 한 땀 한 땀 꼼꼼히 기움은
돌아올 날 늦어질까 염려해서라

누가 말했던가, 풀 한 포기의 마음이
석 달 봄볕의 은혜를 갚을 수 있다고

慈母手中線　游子身上衣　자모수중선 유자신상의
臨行密密縫　意恐遲遲歸　임행밀밀봉 의공지지귀
誰言寸草心　報得三春暉　수언촌초심 보득삼춘휘

풀 한 포기(寸草)는 자식을 비유하며, 석 달 봄볕(三春暉)은 어머니를 생각하는 마음을 비유한다. 따사로운 봄 햇살이 풀을 잘 자라게 하듯이 어버이는 사랑으로 자식을 키우지만, 풀이 봄볕의 은혜에 보답할 수 없듯이, 어머니가 자식을 생각하는 사랑에 비하여 너무 보잘 것 없음을 뜻한다.

어머니는 멀리 떠나려는 자식에게 못 가도록 말리지는 못하고, 아들이 입고 갈 옷을 다시 한 번 살피며 해진 곳을 다시 꼼꼼히 꿰매신다. 이렇게 꼼꼼히 손보는 것은 혹시라도 사랑하는 이 아들이 더디 돌아오지나 않을까 하는 마음에서이다. 생각이 짧은 아들이야 어머니의 이 깊은 심중을 알기나 할까. 아마도 모를 것이 당연하나니 부모의 은혜를 모두 갚는 자식이 세상에 있을 수 있겠는가.

맹교 유자음 시의도

여기서 유래하여 「촌초춘휘」는 어버이의 은혜가 너무 커서 자식이 그에 보답하려 하여도 다 보답하기 어렵다는 것을 비유하는 고사성어로 사용된다.

❼ 사인선사마 射人先射馬 射人先射马 쏠 **射** 사람 **人** 먼저 **先** 말 **馬**

「상대를 쏘아 떨어뜨리자면, 먼저 그가 타고 있는 말을 쏘라」는 것이 말의 뜻이다. 그러면 말은 놀라서 뛰어올라 주인을 떨어뜨리거나 또는 말이 움직이지 못하거나 해서 간단히 그 사람을 잡을 수가 있다는 뜻이다. 상대를 제압하려면 먼저 그 사람이 의지하고 있는 것부터 제거해야 한다.

두보의 「전출새(前出塞)」라는 시에 나오는 말이다. 아홉 수로 된 이 시의 여섯째 수에 이렇게 말하고 있다.

활을 당기려거든 마땅히 센 것을 당기라
화살을 쓰려면 마땅히 긴 것을 써라.
사람을 쏘려거든 먼저 말을 쏘고
적을 사로잡으려거든 먼저 왕을 사로잡으라.
사람을 죽이는 데도 한이 있고
나라를 세우면 저절로 국경이 있다.
진실로 능히 침능을 제압할 수 있다면
어찌 마구 죽일 필요가 있으리오.

挽弓當挽强　用箭當用長　　만궁당만강 용전당용장
射人先射馬　擒敵先擒王　　사인선사마 금적선금왕

殺人亦有限　立國自有疆　살인역유한 입국자유강
苟能制侵陵　豈在多殺傷　구능제침능 개재다살상

사인선사마(日 화가)

황제 현종이 부질없이 영토 확장을 꾀하며 서쪽 변경으로 군대를 파견한 것을 요새에서 나와 무용한 싸움에 피를 흘린 병사의 입장에서 비판한 연작 아홉 수 중의 하나다. 천보(天寶) 말년의 작품이라고 하며 전반은 옛 민요나 속담일 것이라고 한다.

이 시는 별로 설명이 필요 없는 쉬운 시다. 이 시의 주제는 마지막 두 구절에 집약되어 있다. 적의 침략을 막고 제지할 수만 있다면 그것으로 목적은 이미 다 이룬 것이다. 구태여 많은 생명을 희생시킬 필요가 무엇인가.

강한 활, 긴 화살, 무기는 우수한 것을 써야 한다. 사람을 겨누기보다는 사람을 태우고 달리는 말을 쏘는 것이 효과가 빠르고, 또한 적을 다 잡으려 하지 말고 적의 우두머리를 사로잡으면 일은 간단히 끝나는 것이다. 아무리 사람을 죽여도 다 죽일 수는 없는 일이요, 아무리 영토를 확장시켜도 국경은 항상 있는 법이다. 목적은 적의 침략을 막아 평화로운 세상을 만드는 데 있다. 사람을 많이 죽이는 것이 전쟁의 목적일 수는 없다.

수 청 무 대 어

❽ 水清無大魚

水清无大鱼 물 **水** 맑을 **清** 없을 **無** 클 **大** 물고기 **魚**

물이 맑으면 큰 고기가 없다는 뜻으로, 물이 너무 맑으면 고기가 그 몸을 감출 곳이 없어 그곳에는 살지 않음과 같이, 사람이 너무 똑똑하거나 엄하면 남이 꺼려하여 가까운 벗이 없음을 이르는 말이다.

우리말에 「물이 맑으면 고기가 놀지 않는다」는 말이 있다. 그것이 바로 「수지청무어(水至淸無魚)」란 말이다. 청렴결백이 좋기는 하지만, 그것이 도에 지나치면 사람이 따르지 않는다는 것을 비유해 하는 말이다.

자 장

옛말에 「탐관(貪官) 밑에서는 살 수 있어도 청관(淸官) 밑에서는 살지 못한다」는 말이 있다. 역시 같은 이치에서 나온 말일 것이다.

《공자가어》 입관편에, 자장(子張)의 물음에 대답한 공자의 긴 말 가운데, 「물이 지나치게 맑으면 고기가 없고, 사람이 지나치게 맑으면 따르는 사람이 없다」고 하는 말이 나오고, 백성이 작은 허물이 있으면 그의 착한 점을 찾아내어 그의 허물을 용서하라고 했다.

이 말과 비슷한 내용이 《한서》 동방삭전에도 나온다. 그러나 《공자가어》를 후세 사람의 위작(僞作)이라고 하는 학설도 있으므로 동방

삭이 공자가어에서 배워 온 것인지, 《공자가어》를 지었다고 지목되는 위(魏)의 왕숙(王肅)이 동방삭의 문장을 따 온 것인지는 알 수 없는 일이다.

또 《후한서》 반초전에는 서역도호(西域都護)로 있던 반초가 그의 후임으로 온 임상(任尙)을 훈계한 말이라 하여, 「그대는 성질이 엄하고 급하다. 물이 맑으면 큰 고기가 없는 법이니 마땅히 탕일하고 간이하게 하라」고 적혀 있다.

반초 석조상

과연 반초가 염려한 대로 임상은 성격대로 너무 자세하고 까다로운 정치를 한 탓에 통치에 실패했다고 한다.

120. 璇璣懸斡 晦魄環照 (선기현알 회백환조) 璇玑悬斡 晦魄环照

❶ 天網恢恢 (천망회회)

❷ 璇璣懸斡 (선기현알)

❸ 猫項懸鈴 (묘항현령)

❹ 疑心生暗鬼 (의심생암귀)

❺ 韜光養晦 (도광양회)

❻ 家貧落魄 (가빈낙백)

❼ 結草啣環 (결초함환)

❽ 回光返照 (회광반조)

풀이

❶ 天網恢恢(천망회회) 天网恢恢 하늘 **天** 그물 **網** 넓을 **恢**

{이 항(璇)은 글자 특성상 고사성어 열매가 열리 않아 이 고사성어로 대체했다}

언젠가는 자기가 저지른 죗값을 치르게 된다.

「천망회회 소이불루(疎而不漏)」에서 나온 말이다. 이 말은 하늘이 친 그물은 하도 커서 얼른 보기에는 엉성해 보이지만, 이 그물에서 빠져나가지 못한다는 뜻이다. 즉 악한 사람이 악한 일을 해도 금방 벌을 받고 화를 입는 일은 없지만, 결국 언젠가는 자기가 저지른 죄의 값을 치르게 된다는 말이다.

이 말은 《노자》73장에 나오는 말인데, 원문에는 「소이불루」가 아닌 「소이불실(疎而不失)」로 되어 있다. 즉, 「……하늘이 미워하는 바를 누가 그 까닭을 알리요. 이러므로 성인도 오히려 어려워한다. 하늘의 도는 다투지 않고도 잘 이기며, 말하지 않고도 잘 대답하며, 부르지 않고도 스스로 오게 하며, 느직하면서도 잘 꾀한다. 하늘의 그물은 크고 커서 성긴 듯하지만 빠뜨리지 않는다(疎而不失)」라고 되어 있다.

이 「소이불실」이란 말이「소이불루」로 된 것은 《위서(魏書)》임성왕전에서 볼 수 있다. 즉, 「노담이 말하기를 『그 정치가 찰찰(察察)하면 그 백성이 결결(決決)하다고 하고, 또 말하기를, 하늘 그물이 크고 커서 성기어도 새지 않는다』고 했다」라고 했다.

찰찰은 너무 세밀하게 살피는 것을 말하고, 결결은 다칠까봐 조마조마한 것을 말한다. 결국 악한 사람들이 악한 일로 한때 세도를 부리고 영화를 누리는 것처럼 보이지만, 결국 언젠가 하늘이 그물을 끌어올리는 날은 도망치지 못하고 잡힌다는 뜻이다.

❷ 璇璣懸斡(선기현알) 琁玑悬斡 옥이름 璇 선기 璣 매달 懸 돌 斡

「선기옥형은 달려있는 채 돌고 어두워졌다가 다시 밝아져 순환하여 비춘다(璇璣懸斡 晦魄環照)」

《천자문》에 있는 말이다.

기(璣)는 틀로서, 구슬로써 틀을 장식하여 매달아놓아 돌게 하니, 회전하는 천체를 상징한 것이다.

회백(晦魄)은 달그림자가 그믐이면 밝음이 다해 없어지고, 초하루면 밝음이 다시 소생하며, 보름 뒤에는 어둠(魄)이 생기니, 해가 왔다 갔다 하여 순환하여 밝게 비춤을 말한 것이다.

혼천의

「선기옥형(璇璣玉衡)」은 고대에 천체를 관찰하던 기구로서, 선기는 아름다운 옥으로 천체측정 기구에 나열된 혼천의를 말하기도 한다.

아름다운 구슬로 만든 혼천의(渾天儀 : 선기옥형)는 굴대에 매달려 돌고 있는데 세월은 쉬지 않고 흘러 그믐에 달은 빛을 잃었다가 다시 둥그렇게 되어 순환하면서 비친다.

미옥(美玉)으로 장식되어 공중에서 돌고 있는 선기는 천체가 회전하는 것을 말하고 「회백」은 달이 찼다 기울었다 하는 것이다. 곧 세월은 쉬지 않고 흐르며, 그믐달은 순환한다는 말이다.

❸ 猫項懸鈴(묘항현령) 猫项悬铃 고양이 **猫** 목 **項** 매달 **懸** 방울 **鈴**

「고양이 목에 방울달기」라는 뜻으로, 실행할 수 없는 공론을 이르는 말.

「묘두현령(猫頭懸鈴)」이라고도 한다. 실행할 수 없는 일을 공공연하게 의논한다는 말이다. 실현성이 없는 헛된 이론이라는 「탁상공론(卓上空論)」과 비슷한 뜻이다.

《동언해(東言解)》 어면순(禦眠楯)에 있는 이야기다.

쥐떼들이 모여서 얘기하기를,

「노적가리를 뚫고 쌀광 속에 들어가 살면 살기가 나을 텐데, 다만 두려운 건 오로지 고양이뿐인데……」라고 했다.

쥐들이 늘 고양이 때문에 위험을 느끼자, 쥐 한 마리가 고양이의 목에 방울을 매달아 두면 그 방울소리를 듣고 고양이가 오는 것을 미리 알 수 있어서 죽음을 면할 수 있을 것이라는 제안을 하였다.

쥐들은 모두 좋은 의견이라고 기뻐하였으나, 큰 쥐가 말했다.

「그런데 누가 고양이의 목에다 방울을 달아 놓을 수 있겠는가?」

그러자 아무도 대답하는 녀석이 없었다. 쥐들이 고양이가 오는 것을 미리 알려고 고양이의 목에 방울을 매다는 일을 의논하였지만, 아무도 방울을 달 수 없었다는 우화에서 나온 말이다.

현실적으로 이루어지기 어렵고 불가능한 일을 공연히 꾸미는 것을 비유하는 말로서, 실행하기 어려운 일은 처음부터 계획하지 말아야 한다는 뜻이 담겨 있다.

❹ 疑心生暗鬼 (의심생암귀) 疑心生暗鬼
의심할 **疑** 마음 **心** 날 **生** 어두울 **暗** 귀신 **鬼**

{이 항(𩋆)은 글자 특성상 고사성어 열매가 열리 않아 이 고사성어로 대체했다}

의심은 분별력을 흐리게 한다.

「의심이 암귀를 낳는다」는 말이다. 암귀(暗鬼)는 어둠을 지배하는 귀신이다. 여기서는 사람의 마음을 어둡게 만드는 마귀란 뜻이다. 즉 의심을 하면 마음도 따라 어두워진다는 것이 「의심생암귀」다. 마음이 어두워지면 결과적으로 판단력이 흐려진다.

《열자》 설부편(說符篇)에 이런 이야기가 있다.

어느 한 사람이 도끼를 잃어버렸다. 혹시 이웃집 아들이 훔쳐간 것이 아닌가 하고 그를 유심히 살펴보았다. 그의 걸음걸이를 보아도 도끼를 훔칠 그런 인간으로 보였고, 그의 얼굴색을 보아도 어딘가 그런 것만 같고, 그의 말하는 것을 보아도 역시 수상한 데가 있었다.

그의 동작이며 태도며 어느 것 하나 도둑놈처럼 보이지 않는 것이 없었다. 그러다가 며칠 후 우연히 골짜기를 파다가 잃어버렸던 도끼를 발견하게 되었다. 거기다 빠뜨리고 온 것이다. 그 뒤 다시 그 이웃집 아들을 보자, 그의 모든 동작과 태도가 어느 모로 보나 도끼를 훔칠 그런 사람으로는 보이지 않았다는 것이다.

이 이야기는, 남을 의심하는 마음 자체가 곧 자기 마음을 어둡게 만든다는 뜻이다. 이것이 바로 「의심이 암귀를 낳는다」는 것인데, 이 말을 직접 쓴 것은 송나라 임희일(林希逸)이 지은 《열자구의(列子口義)》 설부편에, 「속담에 말하기를 의심이 암귀를 낳는다고 했다」가 처음이다.

❺ 韜光養晦 (도광양회) 韬光养晦 감출 **韜** 빛 **光** 기를 **養** 그믐 **晦**

빛을 감추고 밖에 나타내지 아니한다는 뜻으로, 힘을 기르고 때를 기다린다는 말이다. 도광(韜光)이라고도 한다. 1980년대 중국의 대외정책을 일컫는 용어다.

약자가 모욕을 참고 견디면서 힘을 갈고 닦을 때 많이 인용된다.

제갈량

나관중(羅貫中)의 소설 《삼국지연의(三國志演義)》에서 유비(劉備)가 조조(曹操)의 식객으로 있을 때 살아남기 위해 일부러 몸을 낮추고 어리석은 사람으로 보이도록 하여 경계심을 풀도록 만들었던 계책이다.

또 제갈량(諸葛亮)이 천하 삼분지계(三分之計)를 써서 유비로 하여금 촉(蜀)을 취한 다음 힘을 기르도록 하여 위(魏)·오(吳)와 균형을 꾀하게 한 전략 역시 도광양회 전략이다.

그러나 도광양회가 널리 알려진 것은 이러한 고사 때문이라고 하기보다는 1980년대부터 중국이 취한 대외정책 때문이다.

등소평

1949년 중화인민공화국이 출범한 이후 중국은 「기미(羈縻)」 정책을 대외정책의 근간으로 삼아왔다. 기미란 굴레를 씌워 얽맨다는 뜻으로, 주변국을 중국의 세력 범위 안에 묶어두고 통제하는 것을 일컫는다. 그러나 중국은 그동안 초강대국인 미국의 그늘에 가려 국제사회에서 제대로 영향력을 행사하지 못하였다.

때문에 등소평(鄧小平 : 덩샤오핑)은 1980년대 개혁개방정책을 취하면서 도광양회를 기미정책을 달성하기 위한 대외정책의 뼈대로 삼았다. 이는 국제적으로 영향력을 행사할 수 있는 경제력이나 국력이 생길 때까지는 침묵을 지키면서 강대국들의 눈치를 살피고, 전술적으로도 협력하는 외교정책을 말한다.

이후 20여 년 간 도광양회는 중국의 대외정책을 대표하였다. 그러나 2002년 11월 후진타오(胡錦濤)를 중심으로 한 제4세대 지도부가 들어서면서 도광양회는 새로운 외교노선으로 대체되었다. 그래서 나타난 것이 화평굴기(和平崛起, 평화롭게 우뚝 선다) · 유소작위(有所作爲 : 적극적으로 참여해서 하고 싶은 대로 한다) · 부국강병(富國强兵) 등으로 이어지는 대외전략이다.

❻ 家貧落魄 (가빈낙백)

家贫落魄 집 **家** 가난할 **貧** 떨어질 **落** 혼백 **魄**

「낙백(落魄)」은 글자 그대로 풀이하면 넋이 달아났다는 말이다. 그러나 흔히 쓰이기로는, 모든 일이 뜻대로 되지 않아 형편이 말이 아닌 그런 상태를 말한다. 일정한 직업도 생업도 없이 끼니가 간 데 없는 그런 상태를 말한다.

《사기》 역생육고열전(酈生陸賈列傳)에 있는 이야기다.

「역생(酈生) 이기(食其)란 사람은 진류 고양 사람으로 글 읽기를 좋아했으나, 집이 가난하고 낙백하여, 입고 먹기 위한 일을 하는 것이 없었다(家貧落魄 無以爲衣食業)」

이 글을 보더라도 집이 가난한 것이 「낙백」이요, 입고 먹을 벌이마저 할 수 없는 처지가 「낙백」인 것 같다. 그러나 역시 역이기(酈食其)의 경우는 낙백이란 말이 실의(失意)를 뜻해서, 입고 먹을 벌이를 못한 것이 아니라, 할 생각이 없었던 것 같다. 결국 돈 떨어진 건달의 행색을 낙백이라고 표현할 수 있을 것 같다. 영웅호걸 치고 어느 누가 낙백을 맛보지 않은 사람이 있겠는가.

이런 형편에서 역이기는 마을 문지기 노릇을 하고 있었다. 옛날에는 마을마다 담과 울타리 같은 것으로 마을로 들어가는 문이 있어서 이를 지키곤 했다. 그는 비록 감문(監門)이란 천한 일을 하고 있었지만, 말과 행동만은 그렇게 거만할 수가 없었다. 그래서 사람들은 그를 미치광이라고 불렀다.

그러던 그가 진시황이 죽고 천하가 다시 어지러워지자 출세의 부푼 꿈이 다시 불붙기 시작했다. 호걸들이 의병을 일으켜 서북으로 진격해

역이기

올라가느라 고양을 지나게 되면, 혹시나 하고 역이기는 그들 장수들을 만나 보았다. 그러나 한 사람도 마음에 드는 사람이 없었다.

이 때, 뒷날 한고조가 된 패공(沛公) 유방이 땅을 점령해 진류로 들어온다는 소식이 들려왔다. 그런데 다행히도 패공 휘하에 있는 기사(騎士) 한 사람이 역이기와 같은 마을 사람이었는데, 그가 고양 가까이 온 기회에 집에 들르게 되었다. 전부터 패공의 소식을 잘 듣고 있던 역이기는 그 기사를 찾아가 이렇게 말했다.

「내가 듣기에 패공은 거만하고 사람을 업신여기며 뜻이 크다고 하는데, 이런 사람이야말로 내가 같이 한번 따라 일을 해보았으면 하는 사람이다. 그러나 나를 소개해 줄 사람이 없다. 그대가 패공을 보거든 이렇게 말을 해주게. 우리 마을에 역이기란 사람이 있는데, 나이는 60이 넘었고 키가 8척이나 되며, 사람들이 다 그를 미치광이라고 부르고 있지만, 그 자신은 미치광이가 아니라고 한다고 말일세」

「하지만 패공은 선비를 좋아하지 않기 때문에, 손님들 중에 선비의 갓을 쓰고 오는 사람이 있으면 그 갓을 벗겨 그 속에다 오줌을 누기까지 하며, 사람들과 말할 때면 항상 큰 소리로 꾸중을 하는 형편인 만큼 절대로 선비로서 패공을 설득시킬 수는 없을 것이오」

「그런 걱정은 말고 제발 만나게만 해주게」

이리하여 이 기사의 소개로 패공은 고양으로 들어왔을 때 사람을 보내 역이기를 불러들였다. 패공은 그때 막 평상에 걸터앉아 두 다리를 쭉 뻗고 두 여자에게 발을 씻기고 있었다. 패공은 발을 씻기며 그대로 역이기를 대했다. 역이기는 두 손을 모아 높이 들어 보일 뿐 절은 하지 않고 목소리를 가다듬어 입을 열었다.

「족하(足下)는 진나라를 도와 제후를 칠 생각이오, 아니면 제후를 거느리고 진나라를 칠 생각이오?」

패공은 큰 소리로 꾸짖어 대답했다.

「이 철부지 선비야, 천하가 다 같이 진나라에 시달린 지 오래다. 그래서 제후가 서로 힘을 합해 진나라를 치려는 것이 아니냐. 진나라를 도와 제후를 치다니, 무슨 뚱딴지같은 소리를 한단 말인가 !」

「만일 군대를 모으고 의병을 합쳐 무도한 진나라를 칠 생각이면 그렇게 걸터앉아 늙은이를 대하지는 못할 거요」

이 말에 패공은 얼른 대야를 치우게 하고, 일어나 의관을 갖춘 다음 역생을 상좌로 모셔 올려 그의 의견을 들었다. 이리하여 60 평생을 낙백으로 보낸 역이기는 패공을 도와 동분서주하며 그의 인격과 뛰어난 말재주로 군사 하나 움직이지 않고 제후를 패공의 휘하로 돌아오게 하는 데 비상한 공을 세웠다.

그러나 한신(韓信)이 역이기의 재주를 시기하여, 이미 그가 말로써 항복을 받은 제나라를 무력으로 침공해 들어감으로써 역이기의 술책에 넘어간 줄로 오해를 한 제왕은 역이기를 기름 가마에 넣어 죽이고 말았다. 이때 제왕(齊王)은 역이기에게, 한신의 침략군을 고이 물러가게 하면 살려 준다는 조건을 내걸었으나, 역이기는 이미 일이 틀린 줄을 알고 큰 소리를 치며 태연히 기름 가마로 뛰어들었다.

❼ 結草銜環 (결초함환) 结草啣环 맺을 **結** 풀 **草** 재갈 **銜** 고리 **環**

「결초(結草)」와 「함환(銜環)」 두 이야기에서 나온 성구로서, 「함환」에 관해서는 다음과 같은 전설이 실려 있다.

《춘추좌씨전》에 「결초보은(結草報恩)」에 대한 이야기가 있다.

기원전 594년 가을, 진(秦)나라 환공(桓公)이 진(晉)나라를 공격하였다. 위과(魏顆)는 진(晉)의 장수로서 진(秦)나라의 역사(力士) 두회(杜回)라는 장수와 싸우게 되었는데, 위과가 불리하였다. 그때 위과는 한 노인이 풀을 잡아매어(顆見老人結草) 두회의 전진을 막아내려 하는 것을 보았는데, 과연 두회가 거기에 걸려 넘어졌다. 위과는 곧 넘어진 두회를 사로잡을 수 있었다.

그날 밤, 위과의 꿈에 그 노인이 나타나 이렇게 말했다.

「나는 그대가 재가(再嫁)시킨 여자의 아비 되는 사람인데, 그대가 아버지의 유언을 옳은 방향으로 따랐기 때문에, 내 딸은 목숨을 유지하고 재가하여 잘 살고 있소. 나는 그대의 그 은혜에 보답하고자 했던 것이오」

여자를 재가시켰다는 이야기는 다음과 같다.

위과의 아버지인 위무자(魏武子)에게 젊은 첩이 있었는데 아들을 낳지 못했다. 위무자는 병이 들자 본처의 아들 과(顆)를 불렀다.

「내가 죽거든 이 여자를 재가시키도록 하여라」

그런데 위무자는 병세가 점점 악화되어 위독한 지경에 이르게 되자, 아들 과에게 다시 분부하였다.

「내가 죽거든 이 여자도 나를 따라 죽게 하여라」

얼마 후, 위무자가 죽자 아들 과는, 「병이 위독하면 사람의 정신이 혼란해지게 되어 있으니 아버지께서 맑은 정신으로 하신 말씀을 따르리라」 생각하고, 처음 분부대로 그녀를 재가시켰다.

《속제해기(續齊諧記)》에 「함환(銜環)」에 대한 이야기가 있다.

후한 때 사람 양보(梁甫)가 아홉 살 때 산 아래서 올빼미에게 물려 다친 꾀꼬리를 발견하고 집으로 가져다 치료해 주었더니, 백여 일이 지나자 상처가 아물어 죽음을 면하게 되었다. 이에 양보가 즉시 꾀꼬리를 놓아주었더니 그날 밤 노란 옷을 입은 동자가 꿈에 나타나 옥환 네 개를 예물로 주면서 목숨을 구해준 은혜를 갚는다고 하고는 꾀꼬리로 변하여 날아갔다는 이야기다.

❽ 回光返照 (회광반조)

回光返照 돌아올 **回** 빛 **光** 돌이킬 **返** 비칠 **照**

일순의 상황에 사로잡혀 허둥대거나 안절부절 말고 조용히 돌이켜 자신을 비추어 봄. 해가 지기 직전에 잠깐 하늘이 밝아진다는 뜻으로, 머지않아 멸망하지만, 한때나마 그 기세가 왕성함. 또 죽기 직전에 잠깐 기운을 돌이킴을 비유해 이르는 말.

불교의 선종(禪宗)에서, 「빛을 돌이켜 거꾸로 비춘다」라는 뜻으로, 언어나 문자에 의존하지 않고 자기 마음속의 영성(靈性)을 직시하는 것을 의미하기도 하고, 사람이 죽기 직전에 잠시 온전한 정신이 돌아오는 것을 비유하기도 한다.

「回」는 「廻」라고도 쓴다. 본래는 해가 지기 직전에 일시적으로 햇살이 강하게 비추어 하늘이 잠시 동안 밝아지는 자연현상을 의미한다. 이것이 죽음 직전에 이른 사람이 잠시 동안 정신이 맑아지는 것을 비유하는 말로 사용되게 되었다.

또 사물이 쇠멸하기 직전에 잠시 왕성한 기운을 되찾는 경우를 비유하는 말로도 사용된다. 촛불이 사그라지기 전에 한 차례 크게 불꽃을 일으키는 것이 한 예이다. 불교의 선종에서는 자신의 내면세계를 돌이켜 반성하여 진실한 자신, 불성(佛性)을 발견하는 것을 의미한다.

일거수일투족이 내게서 비롯되는 것으로, 일거수일투족이 마음 아닌 것이 없음이라. 일상의 모든 것을 안으로 돌이켜 보는 것이다

내가 어떤 생각을 할 때, 생각함을 알고, 내가 어떤 말을 할 때, 말함을 아는 것이다.

자신의 언행을 알면 바로 할 수 있을 것으로, 수행이 깊어져 닦을 것이 없으면 행 이전에 행을 알아 그르칠 일 없게 된다.

자신이 화를 내면 화를 냄을 알고, 알면 그 화가 스스로를 돕지 못하는 일인 줄 알아 화를 다스릴 것으로, 극단으로 치닫는 일 없이 매사를 여유 있게 대처할 수 있을 것이다.

자신의 일이 아닌 타인의 언행을 볼 때도 누군가 그릇된 언행으로 주변의 눈살을 찌푸리게 하면 그 사람을 향하여 손가락질하고 돌을 던지기보다는 자신은 어떠한가? 자신의 언행을 살펴보는 것이다

누군가 슬픔과 고난에 처했을 때도 상대의 아픔을 자신의 마음에 비추어 보고 상대의 마음과 하나 되는 슬픔으로 상대를 가슴으로 위로하는 것이다. 보고 듣는 일상사를 내 일이 아닌 양 무관심하거나 남의 일로 치부하여 없이 여기는 것이 아니라 매사 회광반조로서 역지사지(易地思之)하여 타산지석으로 삼는 것이다.

남을 탓하기 전에 내 허물을 먼저 보고 바로 하는 것이다.

임제종의 개조(開祖)인 의현(義玄)선사의 법어를 수록한 《임제록(臨濟錄)》에서 한 말이 한 예다.

「그대는 말이 떨어지면 곧 스스로 돌이켜 비추어 볼 것이며, 다시 다른 데서 구하지 말지니, 그대 몸과 마음은 조사, 부처와 한 치도 다르지 않음을 알아야 한다(爾言下便自回光返照 更不別求 知身心與祖佛不別)」

주변으로부터 나를 자극하는 어떤 말을 듣는 순간, 또한 급박한 상황이 벌어지는 순간, 그 말과 상황에 사로잡혀 허둥대거나 안절부절 말고 자신을 조용히 돌이켜 보라는 것이다. 돌이켜 자신을 비추어보면 이리저리 날뛰던 마음이 멈춘다.

지신수우 영수길소

121. 指薪修祐 永綏吉邵 指薪修祐 永綏吉邵

❶ 食指動 (식 지 동)

❷ 負薪救火 (부 신 구 화)

❸ 阿修羅場 (아 수 라 장)

❹ 指薪修祐 (지 신 수 우)

❺ 永遠不滅 (영 원 불 멸)

❻ 移木之信 (이 목 지 신)

❼ 吉凶禍福 (길 흉 화 복)

❽ 無恒産無恒心 (무 항 산 무 항 심)

풀이

❶ 食指動(식지동) 食指动

먹을 **食** 손가락 **指** 움직일 **動**

구미가 당긴다, 야심을 품다.

식지(食指)는 둘째손가락을 말한다. 음식을 그 손가락으로 집어먹는다고 해서 먹는 손가락이란 이름이 붙게 된 것이다.

「식지동」이란 식지가 동(動)한다는 말로서, 먹을 생각이 간절해서 손가락이 절로 음식이 있는 쪽으로 움직이게 된다는 뜻으로 풀이해서 무방하다. 그러나 이 식지가 움직인다는 말은 다음과 같은 역사적 기록에서 비롯된 것인지도 모른다.

《춘추좌씨전》에 있는 이야기다.

선공(宣公) 4년(BC 605)에 초나라 사람이 정영공(鄭靈公)에게 큰 자라를 바쳤다. 영공은 그 자라로 죽을 끓여 조신들에게 나누어 줄 생각이었다. 그날 아침, 공자 송(宋)이 공자 자가(子家)와 조회에 들어가려는데 공자 송의 둘째손가락이 갑자기 움직이기 시작했다. 공자 송은 그것을 자가에게 보이며,

「오늘은 반드시 뭔가 별미를 먹게 될 거야. 전에도 이 둘째손가락이 공연히 움직이게 되면 그 날은 반드시 별미를 먹게 되었거든」 하는 것이었다.

조회에 들어간 두 사람은 한쪽 모퉁이에 요리사가 죽을 끓이고 있는 것을 보자 서로 마주보며 웃었다. 손가락이 움직이던 생각이 났기 때문이다. 못난 임금은 그들에게 웃는 까닭을 캐물었다. 까닭을 듣고 나자 영공은,

「아무리 손가락이 움직여도 과인이 주지 않으면 먹지 못할 것 아닌가」 하고 장난기어린 말을 던졌다.

영공은 요리사에게 가만히 타일러 죽 한 그릇이 모자라도록 만들었다. 그런 다음 공자 송에게 맨 나중에 돌리게 하고 결국 한 그릇이 모자라 차지를 못하고 말았다. 영공은 조신들을 바라보며,

「공자 송의 손가락이 맞지 않는군 그래」 하고 놀리는 투로 말을 보냈다.

평소부터 임금을 대단치 않게 보아온 공자 송은 많은 사람 앞에서 모욕을 당하게 되자 자리에서 벌떡 일어나 국솥으로 달려가서 솥 가에 붙은 고기를 건져 먹고 나서,

「이렇게 먹었는데 왜 맞지 않는단 말입니까?」 하고 밖으로 휑하니 나가버렸다.

그의 방자한 태도에 격한 영공은 말은 하지 않아도 공자 송을 죽일 기색을 내비쳤다. 임금의 그 같은 속마음을 짐작한 공자 송은 자기가 먼저 선수를 쳐서 임금을 갈아치울 결심을 했다.

이리하여 공자 자가를 위협해서 둘이 함께 영공을 죽이고 만다. 음식 차별처럼 상대에게 깊은 원한을 주는 것도 드문 모양이다.

식지가 동한다는 말은, 구미가 당긴다, 야심을 품는다 하는 뜻으로 많이 쓰인다.

❷ 負薪救火 (부신구화) 負薪救火 질 **負** 섶나무 **薪** 건질 **救** 불 **火**

땔나무를 지고 불을 끈다는 뜻으로, 재해(災害)를 방지하려다가 자기

도 말려들어가 자멸하거나 도리어 크게 손해를 입음을 이르는 말.

《사기》 위세가(魏世家)에 있는 이야기다.

전국시대 말, 국력이 나날이 강대해진 진(秦)나라는 범수(范雎)가 주창한 원교근공(遠交近攻) 정책을 펴 가까운 나라를 끊임없이 침략해 영토를 확장해 갔다. 이 정책으로 인해 위(魏)나라도 진나라로부터 연거푸 침공당해 영토를 점령당했다.

이렇듯 진나라의 영토 침공이 계속되자, 위나라 백성들은 진나라를 두려워해 저항조차 하지 않았다. 이때 위나라 장수 단간자(段干子)가 남양(南陽)을 할양하고 강화를 맺을 것을 왕에게 건의했다. 그러자 전술가 소대(蘇代)가 왕에게 충고했다.

「간자의 본심은 왕위를 빼앗는 것이고, 진나라의 목적은 위나라를 병합하는 것이므로 화의를 맺어도 침공은 그치지 않을 것입니다. 그러므로 진나라에 땅을 할양하는 것은 『땔나무를 지고 불을 끄려는 것(負薪救火)』과 같아, 땔나무가 없어지지 않는 한 불은 꺼지지 않듯이, 땅을 할양하는 것도 이와 마찬가지입니다」

그러나 위나라 왕은 소대의 충고를 받아들이지 않고, 남양을 진나라에 할양하고 화의하기로 했다.

그러나 진나라는 소대의 말처럼 화의를 맺고도 침공을 그치지 않고 계속해서 위나라 땅을 빼앗았다. 위나라 왕이 죽고 그 아들이 왕위에 오르자, 진나라는 위나라를 공격하여 성을 20개나 빼앗아 진나라의 동군(東郡)이라 했다.

위나라는 마침내 저항할 힘을 잃고 BC 255년 진나라에 멸망당했다.

「섶을 안고 불을 끈다」는 뜻의 「포신구화(抱薪救火)」와 같은 말이다. 또 「불을 끄는 데 섶을 던져 넣는다」는 뜻의 「구화투신(救火

投薪)」도 같은 의미로 사용된다.

❸ 阿修羅場 (아수라장)

阿修罗场 언덕 **阿** 닦을 **修** 비단 **羅** 마당 **場**

끔찍하게 흐트러진 현장.

아수라

「아수라(阿修羅)」는 산스크리트 「ASUR」의 음역(音譯)이다. 아소라(阿素羅)·아소락(阿素洛)·아수륜(阿素倫) 등으로 음역되며 수라(修羅)라고 약칭하기도 하는데 「추악하다」라는 뜻이다.

아수라는 본래 육도 팔부중(八部衆)의 하나로서 고대 인도신화에 나오는 선신(善神)이었는데 후에 하늘과 싸우면서 악신(惡神)이 되었다고 한다.

아수라는 얼굴이 셋이고 팔이 여섯인 흉측하고 거대한 모습을 하고 있다. 그는 증오심이 가득하여 싸우기를 좋아하므로 전신(戰神)이라고도 한다. 그가 하늘과 싸울 때 하늘이 이기면 풍요와 평화가 오고, 아수라가 이기면 빈곤과 재앙이 온다고 한다.

인간이 선을 행하면 하늘의 힘이 강해져 이기게 되고, 악을 행하면 불의가 만연하여 아수라의 힘이 강해진다. 아수라를 물리치는 것은 결국 인간의 노력 여하에 달려있다. 인간이 선행을 하고 정의로운 사회를 이룰 때 악의 상징인 아수라는 발을 못 붙이게 될 것이고, 그렇게 되면 자연히 피비린내 나는 아수라장도 자취를 감추게 될 것이다.

인도의 서사시 「마하바라타」에는 비슈누신의 원반에 맞아 피를 흘린 아수라들이 다시 공격을 당하여 시체가 산처럼 겹겹이 쌓여 있는 모습을 그리고 있다. 피비린내 나는 전쟁터를 아수라장이라 부르는 것도 여기에서 유래되었다. 그러므로 눈뜨고 볼 수 없는 끔찍하게 흐트러진 현장을 가리키는 말이다.

❹ 指薪修祐(지신수우) 指薪修祐 손가락 **指** 장작 **薪** 닦을 **修** 복 **祐**

《천자문》에 있는 말이다.

「섶나무 불씨를 가리켜 선행을 닦아 복이 옴을 비유하니 길이 편안하고 길상(吉祥)이 높아지리라(指薪修祐 永綏吉邵)」

《장자》 양생주(養生主)편에

「섶은 궁진하지만 산에서 취하여 보충하면 불꽃은 나무에 붙어서 계속 타서 그 끝나는 것을 알지 못한다(指窮於爲薪 火傳也 不知其盡也)」라는 구절이 있는데, 「지신수우」는 섶나무는 궁진하나 산에서 취해 계속 태우면 무궁하게 타는 것이다. 따라서 사람의 생명도 무궁하여 신의 도움을 받아 행복을 누리도록 수양하라는 것이다.

선을 쌓아 복을 닦음은 섶나무를 가리켜 비유할 수 있으니, 섶나무는 다하여도 불씨는 전해져 영원히 없어지지 않음과 같은 것이다.

❺ 永遠不滅(영원불멸) 永远不灭 길 **永** 멀 **遠** 아닐 **不** 멸망할 **滅**

영원히 없어지지 아니하고 계속됨. 근원적인 진리의 속성을 나타내는 말이다.

일원의 진리를 유상(有常)의 입장에서 보면 불생불멸하고 여여자연(如如自然)한 진리라고 한다. 여여자연은 우주 대자연은 과거·현재·미래를 통하여 영원한 세월에 그대로 존속해 있다는 말이다.

우주 대자연 그대로가 여여하다고 함. 자연의 이치가 곧 진리이며, 근원적 진리는 낳지도 않고 멸하지도 않으며, 더하지도 않고 덜하지도 않아서(不生不滅不增不減) 여여자연이라고 한다.

❻ 移木之信(이목지신) 移木之信 옮길 **移** 나무 **木** 갈 **之** 믿을 **信**

{이 항(綏)은 글자 특성상 고사성어 열매가 열리 않아 위 고사성어로 대체했다}

남을 속이지 않거나 약속을 반드시 지킴.

위정자(爲政者)가 나무 옮기기로 백성을 믿게 한다는 뜻으로, 신용을 지킴을 이르는 말. 또는 남을 속이지 아니함. 즉 이 말은 위정자가 백성과 맺는 신의에 관한 것이다.

《사기》 상군열전(商君列傳)에 있는 이야기다.

전국시대 진(秦)나라 효공(孝公)에게 상앙(商鞅 : 공손앙)이라는 재상이 있었다. 상앙은 위(衛)나라 공족(公族) 출신으로 법치주의를 바탕으로 한 강력한 부국강병책을 표방하였다. 이는 훗날 시황제가 천하통일을 하는 데 기초를 마련했다.

그는 법령을 제정해 놓고도 즉시 공포를 하지 않았다. 백성들이 그 법을 믿고 지킬지가 의문이었다. 그리하여 한 방책을 생각해냈는데, 높이 세 발 되는 나무를 성안 저자의 남문에 세우고 표면에 이렇게 써 놓았다.

「이 나무를 북문으로 옮기는 사람에게는 10금(金)을 준다」

상앙 흉상

그러나 누구나 이상하다고 생각했던지 옮기려는 사람이 없어서 다시 이렇게 썼다.

「이 나무를 북문으로 옮기는 사람에게는 50금(金)을 준다」

그러자 어떤 사람이 이 나무를 북문으로 옮겼다. 그는 그 즉시로 50금을 받았다. 이렇게 해서 백성을 속이지 않고 약속은 반드시 지킨다(徙木之信)는 굳은 믿음을 갖게 한 다음 법령을 공포했다. 그러나 이 법령이 시행되자 1년 사이에 진(秦)나라 수도 장안에 나와서 신법령의 불편을 호소한 백성이 천 명에 이를 정도였다. 그러는 동안에 태자가 법을 범했다. 위앙(상앙)은 이렇게 말했다.

「법이 제대로 지켜지지 않는 것은 윗사람부터 법을 범하기 때문이다」

그는 법에 따라 태자를 처벌하려고 했다. 그러나 태자는 임금의 뒤를 이을 사람인 까닭에 처벌하기 곤란하다 하여 태자의 태부(太傅)인 공자 건(虔)을 처벌하고, 스승인 공손고(公孫賈)를 자자형(刺字刑 : 이마에 글자를 넣는 형)에 처했다. 그 이튿날부터 진나라 사람들은 모두 법을 따랐다.

10년이 지나자, 백성들은 이 법에 대해 매우 만족하였다. 길에 떨어진 물건은 줍지 않았고(道不拾遺), 산에는 도적이 없었다. 또 집집마다 풍족하고 사람마다 넉넉하였다. 나라를 위한 싸움에는 용감하였으며, 개인의 싸움에는 겁을 냈으며, 향읍(鄕邑)도 잘 다스려졌다. 일찍이 법령에 불만을 호소했던 사람들 중에는 이제 법령의 편리함을 상소하러 온 사람까지도 있었다.

인간관계에서 중요한 덕목 가운데 하나가 바로 신의이다. 부부 사이, 친구 사이에 신의가 지켜져야만 관계가 원만하게 이루어질 수 있다. 이 말에 반대되는 말은 「식언(食言)」이다.

❼ 吉凶禍福 (길흉화복)

吉凶禍福 길할 **吉** 흉할 **凶** 재앙 **禍** 복 **福**

길흉과 화복. 길흉은 좋은 일과 언짢은 일, 화복은 재앙(災殃)과 행복으로 인간세상에서 흔히 일어나는 일이다.

사람들은 좋은 일과 행복을 원하고, 화를 가져오는 일과 흉한 일은 싫어한다. 길흉화복의 원인이 어디에 있는지를 알지 못하고 나쁜 일이 돌아오면 남을 원망하고 하늘을 원망한다.

모든 원인은 자기에게 있는 것이다. 자작자수(自作自受)의 인과이법(因果理法)과 원리를 알고 깨치면 길흉화복의 모든 원인이 자기에게 있

음을 알게 되며, 아울러 분수에 편안하고 안심입명(安心立命)을 얻게 된다. (《원불교대사전》)

❽ 無恒産無恒心

무항산무항심

无恒産无恒心

없을 **無** 항상 **恒** 낳을 **産** 마음 **心**

{이 항(部)은 글자 특성상 고사성어 열매가 열리 않아 이 고사성어로 대체했다}

「항산이 없으면 항심이 없다」는 뜻으로, 생활이 안정되지 않으면 바른 마음을 견지하기 어렵다는 말이다.

《맹자》 양혜왕편에 있는 말이다. 맹자는 성선설(性善說)을 바탕으로 인(仁)에 의한 덕치(德治)를 주장한 유가의 대표적인 학자이다.

주(周)의 난왕(赧王) 8년(BC 307), 맹자는 그 이념인 왕도정치를 위하여 여러 나라를 유세하며 돌아다녔으나, 어느 나라에서도 그 의견이 용납되지 않아 고향인 추(鄒 : 산동성)로 되돌아왔다. 그 무렵 등(騰 : 산동성)이라는 소국에서는 정공(定公)이 죽고 그 아들 문공(文公)이 즉위하였다. 문공은 전부터 맹자에게 사숙하고 있던 까닭에 맹자를 초빙하여 정치의 고문을 삼았다.

문공은 나라를 어떻게 다스리면 좋으냐고 물었다. 맹자도 문공의 정열에 감격하여 당당하게 자기 견해를 말하였는데, 이것이 유명한 정전설(井田說)이다. 그 요지는 이렇다.

《시경》 가운데, 「봄에는 파종으로 바쁘니, 겨울 동안에 가옥의 수리를 서둘러라」 하고 경계한 시가 있는데, 국정도 우선 민중의 경제생활의 안정으로부터 시작된다. 항산(恒産), 즉 일정한 생업과 항심(恒心),

즉 변치 않는 절조와의 관계는, 「항산이 있는 자는 항심이 있고, 항산이 없는 자는 항심이 없다」 라고 말할 수 있다.

항심이 없으면 어떠한 나쁜 짓이라도 하게 된다. 민중이 죄를 범한 후에 처벌하는 것은 법망을 쳐놓는 것과 마찬가지다. 옛날 하(夏)는 1인당 50무(畝), 은(殷)은 일인당 70무, 주(周)는 백 무의 밭을 주어, 그 10분의 1을 조세로 받아들였다.

하의 법은 공법(貢法)이라 하여, 수년간의 평균수입을 잡아가지고 일정액을 납부시켰기 때문에 풍년이 들면 남아돌아가고, 흉년 들어 부족하여도 납부시키는 결점이 있었다. 은의 법은 조법(助法)이라 하여, 사전(私田)과 공전(公田)으로 나누어 공전에서의 수확을 납부시켰다. 주의 법은 철법(撤法)이라 하지만, 조법을 이어받고 있는 점을 고려한다면, 조법이야말로 모범이라 할 수 있겠다.

맹 자

이리하여 맹자는 「항산」을 구체화한 후, 다음으로 「항심」을 기르는 방법으로서 학교에 있어서의 도덕 교육을 강조하고 있다. 이어 문공은 신하인 필전(畢戰)에게 정전법(井田法)에 대하여 질문토록 한 일이 있는데, 여기서 맹자는 조법을 더욱 명확하게 말하고 있다.

국가는 군자(君子 : 치자)와 야인(野人 : 피치자)으로 성립되는데, 그 체제를 유지하자면 먼저 군자의 녹위(祿位)를 세습제로 하여야 한다. 야인은 조법에 의한 9분의 1의 세를 납부토록 한다.

그러기 위하여, 10리 사방의 토지를 우물 정(井)자 형으로 구분하여, 9백 무는 여덟 집이 각각 백 무씩 사유토록 한다. 공전(公田)의 공동작업이 끝난 후 각자의 밭일을 한다. 민중은 상호 부조의 체제가 이루어지기 때문에 토지를 떠나려 하지 않게 된다.

정전제

이상에 의하여 분명해진 바와 같이 이 정전법은 원시 공산적인 것이었으리라는 것이다. 그러나 그 전제로 치자(治者)와 피치자(被治者)를 구별하는 주장은 후세의 지배계급에 의하여 맹자가 존경을 받게 된 최대의 이유가 되었다. 《맹자》 등문공편에도 나온다.

「창고가 찬 연후에 예절을 안다(倉廩實則知禮節)」와 같이 공·맹의 주장이 단순한 수신(修身)만이 아니었던 것을 말해 준다.

122. 矩步引領 俯仰廊廟 (구보인령 부앙랑묘) 矩步引领 俯仰廊庙

	1	2	3	4
❶	絜 (혈)	矩 (구)	之 (지)	道 (도)
❷	七 (칠)	步 (보)	之 (지)	才 (재)
❸	鑿 (착)	壁 (벽)	引 (인)	光 (광)
❹	先 (선)	憂 (우)	後 (후)	樂 (락)
❺	俯 (부)	仰 (앙)	不 (불)	愧 (괴)
❻	仰 (앙)	人 (인)	鼻 (비)	息 (식)
❼	掘 (굴)	墓 (묘)	鞭 (편)	屍 (시)
❽	俯 (부)	仰 (앙)	廊 (낭)	廟 (묘)

풀이

❶ 혈구지도 絜矩之道 絜矩之道 헤아릴 絜 곱자 矩 의 之 방법 道

내 처지를 생각해서 남의 처지를 헤아림.

「혈구지도」는 《대학》 마지막 장에 나오는 말이다.

「혈(絜)」은 잰다는 뜻이고 「구(矩)」는 곡척(曲尺)을 말한다. 자는 물건을 재듯이 내 마음을 「자」로 삼아 남의 마음을 재고, 내 처지를 생각해서 남의 처지를 헤아리는 것이 「혈구지도」 즉 「자를 재는 방법」이다.

공자는 《논어》에서 이렇게 말했다.

「내가 원하지 않는 것을 남에게 베풀지 않으면(己所不欲 勿施於人) 그것이 어진 일을 하는 방법이라고 말할 수 있다」

공 자

또 자공(子貢)이, 「남이 내게 하지 말았으면 하는 것을 나도 남에게 하지 않겠습니다」 하고 말했을 때, 공자는, 「네가 할 수 없는 일이다」라고 했다.

「혈구지도」는 바로 그것을 말하는 것이다.

《대학》에는 「혈구지도」를 이렇게 설명하고 있다.

「윗사람이 내게 해서 싫은 것을 아랫사람에게 하지 말고, 아랫사람이 내게 해서 싫은 것을 윗사람에게 하지 말며, 앞사람이 내게 해서 싫은 것을 뒷사람에게 하지 말고, 뒷사람이 내게 해서 싫은 것을 앞사람에게 하지 말며, 오른쪽에 있는 사람이 내게 해서 싫은 것을 왼쪽 사람에게 하지 말고, 왼쪽 사람이 내게 해서 싫은 것을 오른쪽 사람에게 하지 않는 것이 바로 혈구지도라고 하는 것이라고 했다」

자 공

너무 자세할 정도로, 내 마음을 미루어 내가 싫었던 일을 남에게 베풀지 않는 것이 「혈구지도」란 것을 설명하고 있다. 「인간은 만물의 척도」란 말이 있듯이 「마음은 인간의 척도」일 것이다.

천만 사람의 교훈보다도, 내 마음을 살펴 남의 마음을 헤아리는 공부가 보다 소중한 것이다.

내가 원하는 것을 남과 같이 하고, 내가 싫어하는 것을 남에게 가르치지 않는 공부, 이것이 천하를 태평하게 만드는 평천하(平天下)의 길이란 것이다.

❷ 七步之才 (칠보지재)

七步之才 일곱 **七** 걸음 **步** 의 **之** 재주 **才**

일곱 걸음을 옮기는 사이에 시를 지을 수 있는 재주라는 뜻으로, 아주 뛰어난 글재주를 이르는 말.

《세설신어(世說新語)》 문학편(文學篇)에 있는 이야기다.

위문제 조비(曹丕)가 아우 동아왕 조식(曹植)이 반역음모 혐의를 받았을 때, 그를 차마 죽일 수도 없고, 그렇다고 용서할 수도 없어 자기가 일곱 걸음을 걷는 동안에 시를 지으면 죄를 사해 주겠다고 했다. 그러자 운(韻)자가 떨어지기가 무섭게 시를 지어 보였다고 한다.

조조(가운데)·조비·조식

「칠보재」란 바로 조식과 같은 그런 시재(詩才)를 말하는 것이다. 조조와 그의 큰아들인 조비와 셋째아들인 조식은 다 같이 문장이 뛰어났기 때문에 당시 이들 3부자를 가리켜 「삼조(三曹)」라고 했다. 그 가운데서도 조식이 시재에 있어서 가장 뛰어났다. 큰아들 조비는 조식의 시재를 시기하고 있었다. 또 부모들이 아우를 자기보다 더 사랑하는 것을 미워하여 혹시 태자의 자리를 가로채지나 않을까 늘 경계를 하고 있었다.

그가 천자가 된 뒤에도 조식에 대한 시기는 변하지 않았다. 조식은 늘 형 문제(文帝)의 감시를 받으며 살았다. 이 시를 짓게 되었을 때도 조식이 반역음모를 꾀하고 있다는 보고를 듣고 부른 것이다. 다음은 조식이 지었다는 이른바 「칠보시(七步詩)」다.

콩깍지로 콩을 볶으니
콩은 솥 안에서 우는구나.

본래 한 뿌리에서 태어났건만
서로 볶는 것이 어찌 이다지 급한고.

煮豆燃豆箕　豆在釜中泣　자두연두기 두재부중읍
本是同根生　相煎何太急　본시동근생 상전하태급

위문제 조비

자신을 콩에다 비유하고, 자신을 괴롭히는 형을 콩깍지에다 비유했다. 농촌에서 흔히 있는 일로, 솥 안에 콩을 넣고 콩깍지를 지펴 콩을 볶으면 콩은 솥 안에서 뜨거워 톡톡 소리를 내며 죽어간다. 콩과 콩깍지는 원래 한 뿌리에서 생긴 것이다. 그런데 서로 사랑하고 아껴야 할 처지에 콩깍지는 자신을 불태워 가며 솥 안에 든 콩을 볶고 있다. 형제간에 이럴 수가 있느냐 하는 뜻이다.

이 정도의 짧은 글이라면 일곱 걸음 걷는 동안에 아무라도 지을 수 있다고 생각할지 모르지만, 그것은 자유시의 경우에 가능한 일이다. 문제를 제시한 쪽에서 운자(韻字)를 부르고, 그 운자를 끝에 붙여 말이 되게 만들어야 하기 때문에 어려운 것이다.

즉 조비가 읍(泣)이란 글자와 급(急)이란 글자를 부르면 조식은 그 글자를 붙여 말을 만들어야 하는 것이다. 시를 짓는 것은 고사하고 그저 말만 되게 만들기도 힘든 일인데, 이렇게 그 내용까지를 기막히게 만든다는 것은 참으로 어려운 일이 아닐 수 없다.

❸ 鑿壁引光 (착벽인광) 凿壁引光

뚫을 **鑿** 벽 **壁** 끌 **引** 빛 **光**

집안이 가난하여 등불을 구할 길이 없어 벽을 뚫고 이웃집의 등불로 책을 읽었다는 옛일에서 고생해서 학문을 정진함을 이르는 말이다.

《서경잡기(西京雜記)》에 있는 말이다.

《서경잡기》는 한(漢)나라 유흠(劉歆)이 짓고 진(晉)나라 갈홍(葛洪)이 모은 것으로 알려져 있는 전형적인 잡록식의 필기저작이다.

광 형

전한(前漢) 때 재상이 되어 일인지하만인지상(一人之下萬人之上)의 영화를 누린 광형(匡衡)은 젊었을 때 무척 고생을 하고 성공한 위인의 한 사람이었다.

그는 어렸을 때부터 학문을 좋아하여 틈만 있으면 공부를 하였으나, 말할 수 없이 가난한 농가의 아들로 태어난 탓에 책을 살 돈이 없어서 품팔이를 해 가면서 푼푼이 모은 돈으로 책을 사서 읽었다.

그러나 품팔이를 하지 않고서는 먹을 수 없는 가난한 살림이었으니 낮에 한가히 책을 읽을 수는 없고 밤에 책을 보아야 했는데, 등불을 켤 기름이 없었다. 그는 생각 끝에 이웃집의 벽에 몰래 구멍을 뚫어 놓았다. 그리고 그 조그만 구멍으로 새어 들어오는 불빛에 따라 책장을 넘기면서 독서를 계속했던 것이다.

❹ 先憂後樂 (선우후락) 先忧后樂 먼저 **先** 근심 **憂** 나중 **後** 즐거울 **樂**

{이 항(領)은 글자 특성상 고사성어 열매가 열리 않아 이 고사성어로 대체했다}

지사(志士), 인인(仁人)의 마음씨.

「선천하지우 이후천하지락(先天下之憂 而後天下之樂)」에서 나온 말이다. 천하의 모든 사람이 근심하기에 앞서서 먼저 근심하고, 천하의 모든 사람이 다 즐거워한 뒤에 마지막으로 즐거워한다. 학문하는 사람으로서 또는 관료로서 가져야 할 자세를 말한다.

범중엄

이것은 송나라 명재상 범중엄(范仲淹 : 문정공)이 한 말이다.

범중엄은 가난한 집에 태어나 재상까지 된 훌륭한 인물이었는데, 그는 이 세상에 불행한 사람을 건지는 것이 어릴 때부터의 소원이었다. 그가 어느 사당(祠堂) 앞을 지나다가, 사람들이 소원을 빌면 뜻대로 된다고 하는지라, 그는 들어가 이렇게 빌었다.

「저는 훌륭한 재상 되기를 원치 않고 훌륭한 의원 되기를 원합니다」

병든 사람을 구해 주는 것이 더욱 어렵고 훌륭하게 느껴졌던 것이다.

그가 한번은 혼자 공부를 하고 있는데, 참외장수가 참외를 한 짐 지고 장으로 팔러 가는 것이 바라다 보였다. 배도 고프고 날씨도 더운 판에 참외 하나만 먹었으면 원이 없을 것만 같았다. 사먹을 돈이 없는 그는 속으로 하나만 굴러 떨어졌으면 하고 바랐다. 귀신이 감동했는지, 참외 장수가 몸을 추스르자 참외 하나가 지게에서 굴러 길 아래로 떨어졌다. 참외장수는 지게를 받쳐 놓고 참외를 가지러 내려갈까 망설이더니, 귀찮은 듯이 그대로 가버렸다. 물론 범중엄은 반갑게 주워 먹었다.

범중엄이 지은 과정(瓜亭)

그 뒤 재상이 된 범중엄은 그때 생각을 잊을 수 없어 참외가 떨어졌던 곳에 큰 과정(瓜亭)을 짓고 많은 참외를 심어 지나가는 돈 없는 나그네에게 그냥 주게 했다 한다. 주자(朱子)가 편찬한 《명신언행록》에는 그가 좋아하는 글귀라 해서 기록하고 있는데, 실은 범중엄이 지은 「악양루기(岳陽樓記)」에 있는 말이다. 이 글 끝에 이렇게 말하고 있다.

「슬프다, 내가 일찍이 옛날 어진 사람의 마음을 찾아보건대, 부처와 노자(老子)가 다른 점이 무엇이겠는가. 물건으로 기뻐하지 않고 자기로써 슬퍼하지 않는다. 조정에 있어서는 백성을 걱정하고, 강호에 있어서는 임금을 걱정한다. 이것은 나아가도 걱정이요, 물러나도 걱정이다. 그러면 어느 때 즐거워하는가. 그것은 필시 천하의 근심을 먼저 근심하고 천하의 낙을 뒤에 즐긴다고 말할 수 있지 않을까(先天下之憂而憂 後天下之樂而樂乎). 슬프다, 이 사람이 아니면 내가 누구와 함께할 것인가」

악양루

이 글은 그가 부총리 격인 참지정사(參知政事)로 있던 경력 6년(1046년) 9월 15일에 지은 것으로 되어 있으므로, 천하를 다스리는 유신(儒臣)으로서의 자부심이 높았을 때였다.

글의 내용은, 관료는 어디에 있든 늘 국가와 백성을 위해 봉사해야 한다는 엄중한 선언을 담고 있다. 백성이 근심하기 전에 먼저 문제점을 발견해서 개선함으로써 백성의 걱정을 덜고, 모든 백성이 다 안락한 생활을 향유할 때 비로소 즐거워하는 태도야말로 가장 이상적인 정치인의 자세라고 할 것이다. 위 문장이 너무 길어서인지 「선우후락」이란 간단한 말로 대신하기도 한다.

⑤ 俯仰不愧 (부앙불괴)

俯仰不愧 구부릴 **俯** 우러를 **仰** 아니 **不** 부끄러울 **愧**

하늘을 우러러보나 세상을 굽어보나 양심에 부끄러움이 없음.

「부앙불괴」란 말은 글자 그대로 풀면 「굽어보나 우러러보나 부끄럽지 않다」는 뜻이다.

이 말은 《맹자》의 「우러러 하늘에 부끄럽지 않고, 굽어 사람에게 부끄럽지 않다(仰不愧於天 俯下怍於人)」라고 한 데서 나온 말이다. 마음가짐에 있어서나, 행동에 있어서나 양심에 아무 부끄러울 것이 없는 대장부의 공명정대한 심경을 비유해서 한 말이다.

《맹자》 진심 상에 있는 원문을 소개하면 다음과 같다.

군자에게는 세 가지 즐거움이 있다. 천하의 왕 노릇하는 것은 이 세 가지 가운데 들어 있지 않다(君子有三樂 而王天下不與存焉).

부모가 함께 살아 계시고, 형제가 무고한 것이 첫째 즐거운 일이다(父母俱存 兄弟無故 一樂也).

맹 자

「우러러 하늘에 부끄럽지 않고, 굽어 사람에게 부끄럽지 않은 것」이 두 번째 즐거움이요(仰不愧於天 俯不怍於人 二樂也).

천하의 영재(英才)를 얻어 가르쳐 기르는 것이 세 번째 즐거움이다(得天下英才 而教育之 三樂也).

군자에게는 세 가지 즐거움이 있지만, 이 가운데 천하에 왕 노릇하는 것은 들어 있지 않다(君子有三樂 而王天下不與存焉).

맹자가 말한 세 가지 즐거움 중에서 첫 번째 즐거움은 하늘이 내려준 즐거움이다. 부모의 생존은 자식이 원한다고 하여 영원한 것이 아니므로 오랫동안 함께할 수 있다면 그 자체로써 즐겁다는 말이다. 두 번째 즐거움은 「하늘과 땅에 한 점 부끄러움이 없는 삶」을 강조한 것으로, 스스로의 인격수양을 통해서만 가능한 즐거움이다. 세 번째 즐거움은 자기가 가지고 있는 것을 다른 사람에게 베푸는 즐거움으로, 즐거움을 혼자만 영위할 것이 아니라 남과 공유하기를 바라는 것이다.

옳은 사람에게는 부귀라는 것이 사실상 즐거움이 될 수 없다는 것을 강조한 데 특색이 있다. 가정의 행복이 첫째, 그리고 마음의 편안함이 둘째, 끝으로 후배의 양성이 셋째일 뿐, 그 밖의 것은 사람을 즐겁게 하는 것이 될 수 없다는 것이다.

❻ 仰人鼻息(앙인비식) 仰人鼻息 우러를 **仰** 사람 **人** 코 **鼻** 숨 쉴 **息**

「남이 숨 쉬는 것만 바라본다」라는 뜻으로, 주체성 없이 남의 눈치만 살피거나 남의 비위를 맞추는 것을 비유하는 말이다.

《후한서》 원소전(袁紹傳)에 있는 이야기다.

후한 말기는 한나라 왕조의 권위가 쇠락하여 군웅이 할거할 시기였다. 발해태수 원소도 그 가운데 한 사람이었다. 원소는 참모인 봉기(逢紀)의 계책을 받아들여 한복(韓馥)이 다스리는 기주(冀州)를 차지하고자 하였다.

원소는 한편으로는 북평(北平) 자사 공손찬(公孫瓚)을 부추겨 군대를 이끌고 남하하여 기주를 공격하도록 하고, 다른 한편으로는 순심(荀諶)과 고간(高干)을 한복에게 보내 공손찬의 공격이 임박하였으니 원소에게 기주를 내주도록 회유하였다. 무능하고 겁 많은 한복은 그 말을 따라 기주를 원소에게 바치려고 하였다. 그러나 한복의 부하인 경무(耿武)와 민순(閔純)이 반대하고 나섰다.

「기주는 100만이나 되는 백성이 있고, 10년을 버틸 수 있는 식량이 있습니다. 원소는 의지할 곳 없는 곤궁한 신세라 우리들의 콧숨만 바라

보는 처지입니다(袁紹孤客窮軍 仰我鼻息). 비유하자면 품속의 갓난아기와 같아서 젖을 주지 않으면 곧 굶어 죽을 처지에 있는데, 어찌하여 기주 땅을 내주려 하십니까?」

그러나 한복은 부하들의 권고를 듣지 않고 원소에게 귀순함으로써 결국 유명무실한 존재로 전락하고 말았다.

❼ 掘墓鞭屍 (굴묘편시) 掘墓鞭尸 팔 **掘** 무덤 **墓** 채찍 **鞭** 주검 **屍**

{이 항(廊)은 글자 특성상 고사성어 열매가 열리 않아 이 고사성어로 대체했다}

묘를 파헤쳐 시체에 매질을 한다는 뜻으로, 통쾌한 복수나 지나친 행동을 일컫는 말.

《사기》 오자서(伍子胥)열전에 있는 이야기다.

간신의 농간으로 충신을 역적으로 몰아 오자서의 아버지와 형을 죽인 초나라 평왕(平王)이 죽은 뒤 오자서에 의해 그의 무덤이 파헤쳐지고 시체가 채찍을 받게 되었다.

「굴묘편시」란 통쾌한 복수의 뜻으로도 쓰이지만, 좀 지나친 행동의 경우를 말할 때도 쓰인다. 아무튼 신하로서 임금의 무덤을 파서 그 시체에 매질을 했다는 것은 놀라운 사실이 아닐 수 없다.

오자서는 이름을 원(員)이라 했다. 자서는 그의 자(字)다. 오자서의 아버지 오사(伍奢)는 초평왕의 태자 건(建)의 태부로 충신이었는데, 같은 태자 건의 소부(少傅)였던 비무기의 음모에 의해 억울한 죽음을 당하게 되었다.

오자서

오사를 죽이는 데 성공한 비무기(費無忌)는 다시 평왕을 시켜 오사의 아들 오상(伍尙)과 자서를 죽일 음모를 꾸민다. 그러나 오상만이 아버지를 따라 죽고 자서는 그 음모를 미리 알아차리고 망명길을 떠나게 된다.

왕은 오자서를 잡기 위해 전국에 영을 내려 길목을 지키게 하고, 거리마다 오자서의 화상을 그려 붙이고 많은 현상금과 무시무시한 형벌로 아무도 오자서를 숨겨주지 못하게 했다. 오자서는 키가 열 자에 허리가 두 아름이나 되었고, 쟁반만한 얼굴에 두 눈은 샛별처럼 빛나고 있었기 때문에 변장으로 사람의 눈을 피할 수는 없었다. 그는 낮에는 산 속에 숨고 밤에만 오솔길을 찾아 도망을 해야 했다.

이렇게 천신만고 끝에 오나라로 망명한 오자서는 마침내 뜻을 이루어 오나라의 강한 군사를 거느리고 초나라로 쳐들어가게 되었다. 초나라는 여지없이 패해 수도가 오나라 군사 손에 떨어지고, 평왕은 이미 죽고 그의 아들 소왕(昭王)은 태후와 왕비마저 버린 채 간신히 난을 피해 도망을 치게 된다.

소왕을 놓쳐버린 오자서는 평왕의 무덤을 찾았다. 그러나 평왕은 오자서의 복수가 두려워 그의 무덤을 깊은 못 속에 만들고, 일을 다 끝낸 뒤 일에 동원된 석공 5백 명을 모조리 물속에 수장시켜 버렸다. 수십

리에 걸친 못에는 물만 출렁거릴 뿐 어느 곳에 묻혀 있는지 위치마저 짐작할 길이 없었다.

오자서는 죽은 아버지와 형, 그리고 자신이 망명해 나올 때 겪은 고초 등을 회상하며 땅이 꺼질 듯한 한숨을 내쉬며 몇몇 날을 두고 못 둑을 오르내렸다. 그렇게 애쓰며 전전긍긍하던 어느 날 저녁 무렵, 백발이 성성한 한 늙은이가 오자서의 앞으로 다가오며 이렇게 물었다.

「장군은 선왕의 충신 오태부의 아들 자서가 아닙니까?」

「그렇습니다만, 노인은 누구시오?」

노인은 묻는 말에는 대답을 않고,

「장군은 지금 죽은 평왕의 시체가 묻힌 곳을 찾고 있지 않습니까?」

하고 물었다. 반가워서 다그쳐 묻는 자서의 말에 노인이 대답했다.

「시체가 묻힌 곳은 내가 알고 있습니다. 나는 무덤을 만들기 위해 징발되어 온 5백 명의 석공 중 한 사람입니다. 5백 명이 다 물 속에서 죽고 나만이 어떻게 살아남게 되었습니다. 장군의 복수도 복수지만, 나도 장군의 힘을 빌려 억울하게 죽은 내 동지들의 원수를 갚으려는 것입니다」

이리하여 이튿날, 노인의 지시에 따라 장롱 같은 돌로 만들어진 물속의 무덤을 하나하나 뜯어내기 시작했다. 못 바닥 몇 길 밑에 들어 있는 돌무덤을 열고 엄청나게 무거운 석곽을 들어올렸다. 그러나 그 속에서 평왕의 시체는 볼 수 없었다.

그것은 사람의 눈을 속이기 위한 가짜 널이었다. 다시 한 길을 파내려 가니 진짜 널이 나왔다. 수은으로 채워진 널 속에 들어 있는 평왕의 시체는 살아 있을 때 모습 그대로였다. 순간 오자서의 복수심은 화약처럼 폭발했다. 왼손으로 평왕의 목을 조르고 무릎으로 그의 배를 누른 다음 오른 손가락으로 그의 눈을 잡아 뽑으며, 「충신과 간신을 구별 못하는 네놈의 눈을 뽑아 버리겠다……」 하고 욕을 했다. 그리고는 그의 아홉 마디 철장(鐵杖)으로 시체를 옆에 뉘어놓고 3백 대를 쳤다. 뼈와 살이 흙과 함께 뒤범벅이 되었다.

《사기》 오자서열전에도, 「이에 초평왕의 무덤을 파고 그의 시체를 꺼내 3백 대를 내리친 뒤에야 그만두었다」 라고 했다.

오자서의 둘도 없는 친구 신포서(申包胥)는 이 소식을 듣자, 사람을 보내 오자서에게 이렇게 일렀다.

「그대의 그런 복수 방법은 너무 지나치지 않을까……」

그 말에 오자서도 할 말이 없었든지 이렇게 전해 보냈다.

「나는 날이 저물고 길이 멀어서, 그렇기 때문에 거꾸로 걸으며 거꾸로 일을 했다(吾日暮途遠 吾故倒行而逆施之)」

여기서 또 「일모도원(日暮途遠)」이란 말과 「도행역시(倒行逆施)」란 말이 생겨났다.

❽ 俯仰廊廟 (부앙낭묘)

俯仰廊庙 구부릴 **俯** 우러러볼 **仰** 행랑 **廊** 조정 **廟**

「자로 잰 듯 법도대로 걷고 옷깃은 얌전하게 여미고, 조정(朝廷)에서는 깊이 생각하여 일을 처리해야 한다(矩步引領 俯仰廊廟)」

《천자문》에 있는 말이다.

걸음걸이(步)가 의젓하고 서둘지 않으니 법도(矩)에 맞아 어긋남이 없고 옷깃(領)을 당겨(引) 단정하게 여미고 있으니 품위가 있어 보이고, 땅을 내려다보고(俯) 하늘을 우러러보아도(仰) 전혀 부끄러움이 없으니 조정(廊廟)에서 임금을 보필하기에 부족함이 없다.

《맹자》 진심편(盡心篇) 에 있는 말이다.

「부모가 함께 생존해 계시고 형제가 무고한 것이 첫째 즐거움이고(父母俱存 兄弟無故 一樂也), 우러러 하늘에 부끄러움이 없고 구부려 사람에게 부끄러움이 없는 것이 두 번째 즐거움이며(仰不愧於天 俯不怍於人 二樂也), 천하의 영재를 얻어 교육하는 것이 세 번째 즐거움이다(得天下英才 而敎育之 三樂也)」

123. 束帶矜莊 徘徊瞻眺 束带矜庄 徘徊瞻眺

속대긍장 배회첨조

①	束之高閣	속지고각
②	一衣帶水	일의대수
③	束帶矜莊	속대긍장
④	莊周之夢	장주지몽
⑤	徘徊瞻眺	배회첨조
⑥	至愚責人明	지우책인명
⑦	救死不瞻	구사불첨
⑧	虎視眈眈	호시탐탐

풀이

❶ 束之高閣 (속지고각)

束之高阁 묶을 **束** 갈 **之** 높을 **高** 시렁 **閣**

한쪽에 내버려두고 관심을 갖지 않는 것을 이르는 말.

「묶어서 높은 시렁에 둔다」 라는 뜻으로, 한쪽에 따로 치워놓고 쓰지 않음을 이르는 말이다.

《진서(晉書)》 유익전(庾翼傳)에 있는 이야기다.

동진(東晉) 때의 장수 유익(庾翼)은 동진의 원로인 유량(庾亮)의 동생으로 형주자사(荊州刺史)를 지냈으며 군사에 대한 지식이 해박했다. 유량이 죽은 뒤 무창(武昌)을 비롯해 강주, 익주, 양주 등지를 지키며 북쪽의 오랑캐들 물리쳐서 전공을 세웠다.

임의(林義)와 은호(殷浩) 같은 선비들은 자신들의 말재주만 뽐내며, 겉으로는 싸우자고 하면서도, 사실은 이름뿐인 사람들로서 위기에 처한 동진에 아무런 도움이 되지 않았다.

유익은 이런 선비들에 대하여 이렇게 일갈했다.

「이런 무리들을 묶어서 높은 누각에 매달아 두었다가 천하가 태평해지면, 그때 가서 그들의 할 일을 의논해야 한다(此輩宜束之高閣 俟天下太平 然後議其任耳)」

「속지고각」은 물건을 그대로 버려둔 채 쓰지 않거나 한쪽에 제쳐두고 관심을 기울이지 않는다는 것을 비유하는 말이다.

「속저고각(束諸高閣)」이라고도 한다.

❷ 一衣帶水 (일의대수)

一衣带水　　한 一 옷 衣 띠 帶 물 水

「일의대수」란 띠처럼 가로지른 강물을 말한다. 강물이 흐르는 것을 멀리서 바라보면 마치 허리에 두른 띠처럼 들판을 가로지르고 있다. 배를 잎에다 비유하여 일엽편주(一葉片舟)라고 하는 것과 같은 말이다.

수문제 양견

진(晋)이 동으로 옮겨가 동진으로 불리게 된 뒤로, 남북으로 나뉘어져 있던 중국을 오랜만에 다시 통일한 것이 수(隋)나라 문제 양견(楊堅, 재위 599～604)이었다. 양견은 북주(北周)의 무장으로 차츰 세력을 키워 선양(禪讓)의 형식을 밟아 북주를 빼앗아 수나라를 세웠다.

그는 즉위 초부터 통일천하의 웅대한 계획을 품고, 우선 남조인 진(陳)과는 평화 공존의 정책을 취하는 한편, 북방의 돌궐(突厥)에 대한 방비를 튼튼히 하며 내정에 보다 많은 힘을 기울였다.

그러다가 후량(後梁)의 후주 소종(蕭琮)을 장안으로 부른 사이에, 혹시 후량의 수도인 강릉을 그 남쪽에 있는 진(陳)이 불의에 기습해 올까 염려가 되어 최홍도(崔弘度)를 보내 이를 지키게 했다. 그러자 강릉을 지키고 있던 소종의 숙부인 소암(蕭岩)과 형주자사 소의흥(蕭義興) 등이 최홍도가 강릉을 앗으러 오는 줄로 알고 양자강을 건너가 진에 항복하고 말았다. 이에 화가 난 수문제는 후량을 병합하는 한편, 진나라를 공략할 것을 선언했다.

「나는 지금까지 진나라와 평화를 유지하려 했었다. 그런데 지금 진나라 임금은 횡포와

장강(長江 : 양자강)

방탕을 일삼고 백성들은 도탄에 빠져 있다. 내가 백성의 부모로서 어찌 좁은 한 가닥 강물로 인해(我爲民父母 豈可限一衣帶水) 이를 구하지 않을 수 있겠는가」 라고 했다.

이리하여 문제는 50만 대군으로 일제히 양자강을 건너 진나라로 쳐들어가게 했다. 진나라 후주(後主)는 궁중의 우물 속에 숨어 있다가 군사들에게 붙들리고 진나라는 이렇게 해서 33년 만에 망하고 말았다.

589년, 드디어 중국 전체를 통일한 대제국이 나타나게 된다.

여기에 말한 「일의대수」는 양자강을 두고 한 말이다. 아무튼 그것은 좁다는 뜻이다.

③ 束帶矜莊(속대긍장) 束帯矜庄 묶을 **束** 띠 **帶** 자랑 **矜** 풀 성할 **莊**

「의관을 정제하여 몸가짐을 떳떳하게 하고 이리저리 배회하니 사람들이 우러러본다(束帶矜莊 徘徊瞻眺)」

《천자문》에 있는 말이다.

矜은 긍지(矜持)라고 할 때는 자랑 긍이고, 긍휼(矜恤)이라고 할 때는 불쌍히 여길 긍이다. 莊은 장장(莊莊)에서는 풀 성할 장으로 왕성한 모양을 말하고 별장(別莊)에서는 별저 장이며 장엄(莊嚴)에서는 엄숙할 장이 된다.

옷차림새를 단정히 하고 중후한 모습으로 걸어야 군자답다는 말이다. 신하 된 자는 이에 더하여, 조정에 들어갈 때는 의관을 정제하고 위의를 갖추어 공경하는 마음이 저절로 생기게 행동해야 한다.

❹ 莊周之夢 (장주지몽) 庄周之梦 엄할 **莊** 두루 **周** 갈 **之** 꿈 **夢**

장자(莊子)의 꿈. 장자가 꿈에 나비가 되었는데, 자기가 나비인지 나비가 자기인지 알 수 없었다는 말. 인생의 덧없음을 이른 말로서, 「호접몽(胡蝶夢)」이라고 한다.

전국시대 송나라에서 태어난 장자(이름은 주周)는 고금독보의 철인이었다. 그 고매하고 변환(變幻)의 유취(幽趣)를 높이 평가받은 철학의 전모를 이야기한다는 것은 용이한 일은 아니지만, 요약해서 말하면, 그것은 절대 자유의 정신세계—도(道)에의 귀일(歸一)을 목표로 하고, 모든 상대적 가치 관념의 부정·초극을 요청한다.

비록 현신(現身)은 이 오탁(汚濁)에 찬 세속 속에 있더라도 그 정신에 있어서 생사·물아(物我)·시비·선악·진위·미추(美醜)·빈부·귀천 등 시간 공간의 모든 대립과 차별을 지양해 버렸을 때 영롱한 도(道)의 세계가 나타날 것이다. 그래서 장자는 제물론(齊物論), 즉 일체의 것을 똑같은(齊) 것으로 보고, 만물즉일(萬物卽一)의 절대적 궁극적인 세계에

장주몽접도(莊周夢接圖)

마음을 소요시켜야 한다는 생각을 수많은 우화로 표현하는데, 그 중에서도 이 호접몽(장주지몽)은 적절하고 향기 그윽한 특색 있는 이야기다.

《장자》 제물론(齊物論)에서 장자는 말하고 있다.

「언제였는지 나는 깜박 잠든 꿈속에서 나비가 되었다. 훨훨 날개에 맡겨 허공을 나는 즐거움, 나는 내가 나라는 것도 잊고 그 즐거움에 빠졌다. 이윽고 무심코 눈을 떴다. 나는 역시 현세에 있는 그대로의 나였다. 그러면 이 세상에 있는 내가 꿈속에서 저 나비가 된 것일까? 아니면 저 훨훨 자유롭게 날고 있던 나비가 꿈속에서 나라는 인간이 되어 있는 것일까? 내가 나비인지 나비가 나인지, 꿈이 현실인지 현실이 꿈인지……」

외람된 인간적 분별로 보면 장주(莊周)와 호접(胡蝶) 사이에는 뚜렷한 구별이 있고 꿈과 현실도 역시 뚜렷하게 다르다. 장주는 장주이며, 호접이 장주일 수는 없고 현실은 어디까지나 현실로서 꿈이 현실일 수는 없다. 그러나 이런 구별을 지어 그것에 구애되는 것, 그 자체가 실은 인간의 외람됨이며, 또 어리석음이기도 하다.

「도(道)」의 세계, 본체의 세계에서 내려다보면 모든 것은 생멸유전

(生滅流轉), 끊임없는 변화—「물화(物化)」 가운데 있으며 그 하나하나의 것 전부가 각기 진(眞)이고 실(實)이라고도 할 수 있다. 현재의 모습(相)에 집착함으로써 장주는 장주이고 호접은 호접이라고 하지만, 실재의 세계에 있어서는 장주도 또한 호접이고 호접 또한 장주일 것이다. 현실도 꿈이고 꿈도 또한 현실일 것이다.

그리하여 이 철인(哲人)은 생각한다. 「도(道)」의 세계에 살고 있는 자로서는, 그 어느 것이나 똑같이 보고, 있는 그대로 있는 것, 깨면 장주로서 살고, 꿈을 꾸면 호접으로서 춤추며 주어진 지금의 모습으로서 지금을 즐기는 것, 다시 말하여 현재의 긍정, 그것이 진정한 「자유(自由)」에 산다는 의미가 아닐까 하고.

⑤ 徘徊瞻眺 (배회첨조)

徘徊瞻眺
어정거릴 **徘** 어정거릴 **徊** 볼 **瞻** 바라볼 **眺**

같은 장소를 배회하며 선후(先後)를 보는 모양.

《천자문》에 있는 말이다.

「예복을 갖춰 떳떳하고 웅장한 몸가짐을 하고, 돌아다니니 사람들이 우러러본다(束帶矜莊 徘徊瞻眺)」

제후는 제사를 모실 때는 현면(玄冕 : 검은색 의복) 차림이고, 천자의 조정에 나아갈 때는 비면(裨冕 : 곤룡포 아래의 예복과 면류관)이라는 관복을 입어야 했고, 종묘(宗廟)에서 정사를 들을 때는 피변복(皮弁服)을 입고, 매일 있는 조정의 정사에는 조복(朝服) 차림을 했다. 머리에 쓰는 관(冠)과 허리에 두르는 띠(帶 : 대) 역시 신분과 계급에 따라 차별이 있었다. 먼저 천자의 관은 붉은색과 녹색의 2가지 실로 장식했다.

천자가 허리에 두르는 띠(帶)는 흰색에 붉은색으로 안을 대고 끝에 단을 둘렀고, 제후는 흰색 띠에 흰색으로 안을 대고 끝에 단을 둘렀다. 또 대부는 흰색 띠에 늘어진 곳만 단을 둘렀고, 사(士)는 홑 띠에 아래에만 단을 둘렀다. 거사(居士 : 벼슬하지 않는 선비)는 비단 띠를 매고, 그 제자들은 흰색 명주로 된 소박한 띠를 매었다.

이렇듯 신분과 직분에 맞는 예복을 갖추고 거리나 조정에 나서면, 그 몸가짐이 떳떳하고 웅장하여 모든 사람들이 우러러본다는 말이다.

❻ 至愚責人明 (지우책인명)

至愚责人明
지극할 **至** 어리석을 **愚** 꾸짖을 **責** 사람 **人** 밝을 **明**

{이 항(衕)은 글자 특성상 고사성어 열매가 열리 않아 이 고사성어로 대체했다}

「지극히 어리석은 사람도 남을 나무라는 데는 총명하다」라는 뜻으로, 자신의 허물은 덮어두고 남의 탓만 하는 것을 비유하는 말이다. 「똥 묻은 개가 겨 묻은 개 나무란다」는 우리 속담도 다 이런 진리를 비유해 말한 것이다.

이 말은 《송명신언행록(宋名臣言行錄)》에 있는 범순인(范純仁)의 말이다. 그는 제자들에게 말하고 있다.

「지극히 어리석은 사람이라 할지라도 남을 나무라는 데는 총명하고, 총명한 사람일지라도 자신을 용서하는 데는 어리석다. 너희들은 항상 남을 나무라는 마음으로 자신을 나무라고, 자신을 용서하는 마음으로 남을 용서하도록 하여라. 이렇게 하면 성현의 지위에 이르지 못함을 근심하지 않아도 될 것이다(人雖至愚 責人則明 雖有聰明 恕己則昏 爾

曹但常以責人之心責己 恕己之心恕人 不患不到聖賢地位也)」

범순인 묘

그는 또 말하기를, 「내가 평생을 통해 배운 것은 『충(忠)』과 『서(恕)』 두 글자뿐이다. 이것은 평생을 두고 써도 부족함이 없다」고 했다.

「충」은 거짓 없는 마음을 말하고, 「서」는 그 거짓 없는 마음을 그대로 행하는 것이다.

남을 꾸짖는 데만 밝고, 자기의 잘못은 무조건 눈감아 버리려는 인간의 공통된 병폐는 모두가 거짓된 마음에서 생겨나는 것이다.

❼ 救死不瞻 (구사불첨)

救死不瞻 구제할 **救** 죽을 **死** 아닐 **不** 쳐다볼 **瞻**

곤란이 극심하여 다른 일을 돌아볼 겨를이 없음.

❽ 虎視眈眈 (호시탐탐)

虎視眈眈 범 **虎** 볼 **視** 노려볼 **眈**

{이 항(眺)은 글자 특성상 고사성어 열매가 열리 않아 이 고사성어로 대체했다}

「탐탐(眈眈)」은 노려본다는 말이다. 범이 먹이를 탐내어 눈을 부릅

뜨고 노려보는 것을 「호시탐탐」이라고 한다. 욕망을 채우기 위해 기회를 노리며 정세를 관망하고 있는 것을 비유해서 쓰는 말이다.

이 말은 《주역》 이괘(頤卦) 사효(四爻)의 효사(爻辭)에 나오는 말이다. 이(頤)는 아래턱(下顎)이란 뜻인데, 기른다(養)는 뜻도 된다.

괘의 모양을 보면 위는 간(艮 : ☶)이고 아래는 진(震 : ☳) 이다. 「간」은 산(山)이란 뜻이고 「진」은 우레를 말한다. 괘의 전체의 모양(☶ ☳)은 위아래는 막혀 있고 복판이 열려 있어 사람의 입 속을 상징하고 있다.

산은 움직이지 않고 우레는 움직이는 성질을 가지고 있다. 위는 가만히 있고 아래만 움직이는 것이 사람이 음식을 먹을 때의 입의 모양이다. 그러므로 「이괘」는 음식을 먹고 생명을 보존하는 뜻이 된다.

그러나 음식을 먹고 몸을 기르는 데도 여러 가지 방법이 있고 처지가 다르다. 그래서 각 효마다 뜻이 다른 말로써 이를 나타내고 있는 것이다. 4효에는, 「거꾸로 길러져도 좋다. 범처럼 노려보고 그 욕심이 한이 없더라도 상관이 없다(顚頤吉 虎視眈眈 其欲逐逐 无咎)」고 했다.

거꾸로 길러진다는 것은 아랫사람에게 봉양받는 것을 말한다. 부모가 자식을 기르는 것이 도리이고, 임금이 백성의 생활을 보장하는 것이 정치다. 그러나 자식이 다 큰 뒤에는 범의 위엄을 갖추고 자식들의 봉양을 계속 받아도 좋은 것이다.

124. 孤陋寡聞 愚蒙等誚 (고루과문 우몽등초) 孤陋寡闻 愚蒙等诮

❶				孤 (고)	注 (주)	一 (일)	擲 (척)
❷		簞 (단)	瓢 (표)	陋 (누)	巷 (항)		
❸		小 (소)	國 (국)	寡 (과)	民 (민)		
❹			朝 (조)	聞 (문)	夕 (석)	死 (사)	
❺				愚 (우)	公 (공)	移 (이)	山 (산)
❻	吳 (오)	下 (하)	阿 (아)	蒙 (몽)			
❼		與 (여)	噲 (쾌)	等 (등)	伍 (오)		
❽	愚 (우)	蒙 (몽)	等 (등)	誚 (초)			

풀이

❶ 孤注一擲(고주일척) 孤注一掷 외로울 **孤** 물댈 **注** 한 **一** 던질 **擲**

노름꾼이 계속하여 잃을 때 마지막으로 남은 돈을 한 번에 다 걸고 마지막 승패를 겨룬다는 뜻으로, 전력을 기울여 어떤 일에 모험을 거는 것을 비유한 말이다.

《송사(宋史)》에 있는 이야기다. 《송사》는 사서(史書)로 정사(正史)의 하나다. 원(元)나라 탈탈(脫脫) 등이 황제의 명으로 북송(北宋) 이래 각 황제마다 편찬하였던 국사나 실록, 일력(日曆) 등을 기초로 편찬하였다.

북송(北宋) 진종(眞宗) 때의 일이다. 거란(契丹 : 遼)이 대규모 병력을 동원해서 송나라로 쳐들어왔다. 송나라는 이에 대항하여 힘껏 싸웠으나 계속해서 패배 소식만이 전해졌다. 거란 군이 송나라의 수도를 향해 점점 다가오자 진종은 대신들을 불러 모아놓고 긴급회의를 열었다.

재상 구준(寇準)이 말했다.

「폐하께서 직접 군사를 지휘하여 병사들의 사기를 진작시키면 전쟁에 이길 수 있을 것입니다」

황제는 구준의 의견대로 앞장서서 군사를 진두지휘했다. 그러자 잇단 패패로 사기가 땅에 떨어졌던 병사들은 용기백배하여 싸워 승리를 거두고 전연(澶淵)의 맹약을 맺어 장기간의 평화를 이끌어 냈다. 이 일로 인해 구준에 대한 황제의 신임은 남달랐다. 얼마 후 구준은 태자태부(太子太傅)가 되었다.

이때 간신 왕흠약(王欽若)은 기회만 있으면 황제에게 구준을 헐뜯는

진종황제

참언을 했다. 하루는 왕흠약이 진종과 함께 도박을 하게 되었다. 그는 절호의 기회라고 생각하고 이렇게 말했다.

「지금 폐하와 저는 도박을 하고 있습니다. 만일 계속해서 돈을 잃게 되면 가지고 있는 돈을 한 판에 다 거는 모험을 하게 되는데, 이것을 고주(孤注)라고 합니다. 지난번 거란과의 싸움에서 구준이 폐하께 직접 군사를 이끌고 진두지휘하시기를 청한 일을 기억하시는지요? 그것은 도박에서의 『고주일척』과 같은 것입니다」

진종은 구준이 자신에게 도박의 고주일척을 시킨 것으로 비유한 참언을 듣고 진노하여 구준을 재상에서 협주지부(陝州知府)로 좌천시켜 버렸다. 결국 구준은 또 다른 유배지인 뇌주(雷州)에서 병사하고 말았다. 진종은 그 후 자신의 무덤에 쓸데없이 공을 많이 들였고 도교(道教)에 심취하여 국비를 낭비했다.

전쟁에서 침략군을 막기 위해서는 수단방법을 가리지 않고 이를 격퇴시켜야 하며 상황에 따라서는 친정(親征)의 결단을 내려야 함은 물론이다. 한 전쟁에서 제왕에게 위험한 작전을 지휘하게 한 것이, 그로 인해 승리를 이끌어 냈는데도 중상과 모략을 일삼는 간신의 참언을 받아들여 작전을 성공시킨 공신을 내치는 것은 제왕으로서의 자질이 모자라는 것이다.

❷ 簞瓢陋巷 (단표누항)

簞瓢陋巷 대광주리 **簞** 표주박 **瓢** 누추할 **陋** 거리 **巷**

도시락과 표주박과 누추(陋醜)한 거리라는 뜻으로, 소박한 시골생활을 비유해 이르는 말.

공문십철(孔門十哲)

《논어》 옹야편에서 공자가 안자(顔子 : 안회)를 칭찬한 말 가운데 나온다. 공자의 제자는 3천, 그 중에서도 고제(高弟)는 77명, 흔히 이것을 「칠십자(七十子)」라고 하는데, 이 칠십자 가운데서도 공자가 「현(賢)」이라 칭하고 「인(仁)」이라 칭하여 거의 완벽한 인격을 갖춘 인물로서 가장 신뢰하고 있던 제자가 안회였다.

「어질도다, 회여. 한 도시락밥과 한 바가지 물로 더러운 골목에 사는 것을 사람들은 그 고생을 견디지 못해 하는데, 회는 그 즐거움을 고치지 않으니 어질도다, 회여!(賢哉回也 一簞食一瓢飮 在陋巷 人不堪其憂 回也不改其樂 賢哉回也)」

❸ 小國寡民 (소국과민)

小国寡民　작을 **小** 나라 **國** 적을 **寡** 백성 **民**

가장 평화롭고 이상적인 사회. 나라도 작고 백성도 적은 것이 「소국과민」이냐. 이른바 약소국가를 가리킨 말 같은데, 실은 그것이 아니고 가장 평화롭고 이상적인 사회를 가리켜 한 말이다. 이것은 노자가 그린 이상사회다. 《노자(老子)》 제80장에 있는 말이다.

「나라는 작고 백성은 적으며 여러 가지 기구가 있어도 쓰지 않게 된다. 백성들은 생명이 중한 것을 알아 멀리 떠나가는 일도 없고, 배며 수레가 있어도 타고 갈 곳이 없으며, 무기가 있어도 쓸 곳이 없다. 백성들도 다시 옛날로 돌아가 글자 대신 노끈을 맺어 쓰게 하고, 그들의 먹는 것을 달게 여기고, 그들의 입는 것을 아름답게 여기며, 그들의 삶을 편안히 여기고, 그들의 관습을 즐기게 한다. 이웃나라끼리 서로 바라보며 닭울음과 개 짖는 소리가 서로 들리지만, 백성들은 늙어 죽도록 서로 가고 오는 일이 없다」

부드럽고 약한 것을 소중히 여기고 무위(無爲)와 무욕(無慾)을 강조하고 있는 노자가, 그의 이상사회를 그려 본 것이 이 「소국과민」이다. 노자의 사상을 많이 띠고 있는 도연명의 《도화원기(桃花源記)》에 나오는 「무릉도원」도 이 노자의 「소국과민」 사상에서 나온 것으로 볼 수 있다. 제1차 세계대전 후로 대두되고 있는 다원적 국가관도 이 「소국과민」의 사상이 다소 깃들어 있다고 보아야 할 것이다. 또 오늘날 중립을 지키며 평화롭게 살아가는 작은 나라들을 볼 때 「소국과민」 주의가 세계평화를 가져올 수 있는 유일한 길인 것도 같다.

❹ 朝聞夕死 (조문석사)

朝闻夕死 아침 **朝** 들을 **聞** 저녁 **夕** 죽을 **死**

아침에 도를 들으면 저녁에 죽어도 좋다.

아침에 진리를 들어 깨치면 저녁에 죽어도 한이 없다는 뜻으로, 즉, 사람이 참된 이치를 듣고 각성하면 당장 죽어도 한 될 것이 없으니 짧은 인생이라도 값있게 살아야 한다는 것.

제(齊)나라 경공(景公)이 공자에게 정치의 요체(要諦)를 물었을 때, 《논어》 안연편에서 공자는, 「임금은 임금다워야 하고 신하는 신하다워야 하고 아비는 아비다워야 하고 자식은 자식다워야 한다(君君 臣臣 父父 子子)」라고 대답했다.

임금은 인애와 위엄으로써 신하를 대하고, 신하는 임금에게 충절을 다하고, 아비는 자애와 위엄으로써 자식을 대하고, 자식은 어버이에게 효를 다한다. 공자는 이것이 「도(道)」 즉 인간의 의지를 초월한 「하늘의 가르침」이라 생각하고 있다. 서주(西周, BC 1122~771)의 씨족제 봉건사회를 천부(天賦)의 이상적 사회로 생각하고 있었기 때문이다.

《논어》 이인편에 있는 유명한 공자의 말이다.

「아침에 도를 들으면 저녁에 죽어도 좋다」하는 것이 「조문도 석사가의(朝聞道 夕死可矣)」의 뜻이다.

그러나 이 말에 대해서는 여러 가지 해석이 행해지고 있다. 쉬운 말인데도 그 말이 지니고 있는 참 뜻이 애매한 것이다.

혹자는 말하기를, 죽게 된 친구를 앞에 놓고 한 말이라고 한다. 즉 육체적인 생명이 끝나는 것보다도 진리를 깨치는 것이 더욱 중요하다는 것을 강조하여,

「그대는 이미 진리를 깨친 사람이니 이제 죽은들 무슨 안타까움이 있겠느냐」하는 뜻으로 말했을 거라는 것이다.

그러나 일반적으로 진리를 탐구하는 공자의 애절한 염원을 나타낸 말로 풀이되고 있다.

공자성적도(孔子聖蹟圖, 靈公問陣)

다음에는 도(道)가 무슨 뜻이냐 하는 해석이다. 위(魏)나라 하안(何晏)과 왕숙(王肅)은 「공자가 머지않아 죽을 나이에 이르러, 세상에 도가 행해지고 있다는 소리를 듣지 못한 것을 한탄해서 한 말이다」라고 했다. 그러나 이것은 도덕이 땅에 떨어진 당시를 개탄하는 자신들의 심경을 여기에 반영시킨 해석으로 보고 있다.

또 혹자는 「가의(可矣)」를 좋다고 해석할 것이 아니라 괜찮다고 읽어야 옳다고 주장한다. 어감은 다르지만 근본적인 해석에 차이가 있는 것은 아니다. 또 혹자는 이렇게 말하고 있다.

「참다운 도를 깨닫는 순간 사람은 영혼의 불멸을 알게 된다. 영혼의 불멸을 깨달은 사람에게 죽음이 아무런 의미를 갖지 못하는 것이다. 공자가 말한 도는 불교에서 말하는 극락왕생(極樂往生)의 진리를 말한 것이다」라고.

⑤ 愚公移山(우공이산) 愚公移山 어리석을 **愚** 어른 **公** 옮길 **移** 뫼 **山**

어리석은 일 같지만 끝까지 밀고 나가면 목적을 달성한다.

「우공이산」은 어리석은 영감이 산을 옮겨 놓는다는 말로 남 보기에 미련한 것같이 보이지만, 한 가지 일을 계속 물고 늘어지면 언젠가는 목적을 달성하게 된다는 비유의 이야기다.

《열자(列子)》 탕문편(湯問篇)에 있는 이야기다.

태항산

태항산(太行山)은 사방 둘레가 7백 리나 되고, 높이가 만 길이나 되는데, 원래는 기주(冀州 : 하북성) 남쪽, 하양(河陽 : 하남성) 북쪽에 있었다.

그런데 북산(北山)의 우공이란 사람이 나이는 벌써 아흔이 가까운데, 이 두 산을 앞에 놓고 살고 있었기 때문에 산 북쪽이 길을 막고 있어 드나들 때마다 멀리 돌아서 다녀야만 했다. 영감은 그것이 몹시 불편하게 생각되어 하루는 가족들을 모아놓고 상의를 했다.

「나는 너희들과 함께 힘을 다해 높은 산을 평평하게 만들고 예주(豫州 : 하남성) 남쪽으로 길을 내 한수(漢水) 남쪽까지 갈 수 있게 할까 하는데, 너희들 생각은 어떠냐?」

모두가 찬성을 했다. 그러나 우공의 아내만은 이렇게 반대했다.

「당신 힘으로는 작은 언덕도 허물 수가 없을 텐데, 그런 큰 산을 어떻게 한단 말입니까. 그리고 그 흙과 돌은 어디로 다 치운단 말입니까?」

「발해(渤海) 구석이나 은토(隱土) 북쪽에라도 버리면 되겠지」

모두 이렇게 우공을 두둔하고 나섰다. 그래서 우공은 아들 손자들을

우공이산 조소(彫塑)

거느리고 산을 허물기 시작했다. 짐을 지는 사람은 세 사람, 돌을 깨고 흙을 파서 그것을 삼태기와 거적에 담아 발해로 운반했다.

우공의 이웃에 사는 경성씨(京城氏) 집 과부에게 이제 겨우 7, 8 세밖에 안되는 아들이 하나 있었는데, 이 아이가 또 열심히 우공의 산 파는 일을 도왔다. 그러나 1년에 두 차례 겨우 흙과 돌을 버리고 돌아오는 정도였다. 그러자 하곡(河曲)에 있는 지수(智叟)란 영감이 이 광경을 보고 웃으며 이렇게 말렸다.

「이 사람아, 어쩌면 그리도 어리석은가. 다 죽어가는 자네 힘으로는 풀 한 포기 제대로 뜯지 못할 텐데, 그 흙과 돌을 어떻게 할 작정인가? (甚矣汝之不惠 以殘年餘力 曾不能毁山之一毛 其如土石何)」

그러자 우공은 한숨을 내쉬며 이렇게 말했다.

「자네의 그 좁은 소견에는 정말 놀라지 않을 수 없네. 자넨 저 과부의 어린아이 지혜만도 못하지 않은가. 내가 죽더라도 자식이 있지 않은가. 그 자식에 손자가 또 생기고, 그 손자에 또 자식이 생기지 않겠는가. 이렇게 사람은 자자손손 대를 이어 한이 없지만, 산은 불어나는 일이 없지 않은가. 그러니 언젠가는 평평해질 날이 있지 않겠나?」

지수는 말문이 막혀 잠자코 있었다. 두 손에 뱀을 들고 있다는 산신령이 이 말을 듣자, 산을 허무는 인간의 노력이 끝없이 계속될까 겁이 났다. 그래서 옥황상제에게 이를 말려 주도록 호소했다.

그러나 옥황상제는 우공의 정성에 감동하여 힘이 세기로 유명한 과아씨(夸娥氏)의 아들을 시켜 두 산을 들어 옮겨, 하나는 삭동(朔東 : 삭북 동쪽)에 두고 하나는 옹남(雍南 : 옹주 남쪽)에 두게 했다. 이리하여 기주 남쪽에서 한수 남쪽에 이르기까지는 산이 없게 되었다.

❻ 吳下阿蒙(오하아몽) 吳下阿蒙 오나라 **吳** 아래 **下** 언덕 **阿** 어릴 **蒙**

몇 해가 지나도 진취함이 없이 그냥 그 모양으로 있는 사람.

《삼국지》 오지(吳志) 여몽전에 있는 이야기다.

삼국시대에 오나라 손권(孫權)의 부하에 여몽(呂蒙)이란 장수가 있었다. 그는 무용은 뛰어났으나 학식은 별로 없었다. 그 여몽이 장군으로 승진이 되었을 때, 손권은 그에게 무인(武人)도 학문이 필요하다는 것을 말했다. 그 뒤로 여몽은 열심히 학문에 힘썼다. 한동안 지난 뒤에 여몽이 노숙(魯肅)을 만났다. 노숙은 손권의 부하 중 가장 학식이 뛰어난 사람으로 여몽과는 오랜 친구 사이였다. 서로 이야기하는 동안 노숙은 여몽의 학식에 놀랐다. 노숙은 한편 놀랍고 한편 반가워 여몽의 등을 어루만지며,

「나는 그대를 무략(武略)만 있는 줄 알았더니, 이제 보니 학식이 어찌나 대단한지 옛날 오나라 시골에 있을 때의 그 여몽은 아니로군(非復吳下阿蒙)」하고 말했다. 그러자 여몽 역시 이렇게 대답했다.

「선비란 것은 헤어진 지 사흘만 되면 곧 다시 눈을 비비고 서로 대할 정도의 진보를 하는 법이거든(士別三日 卽更刮目相待)」

여기에서 잠시 만나지 못한 사이에 놀라운 발전을 한 것을 보고 「오

하아몽이 아니다」라고 하고, 반대로 언제 만나도 늘 그 모양인 것을 가리켜 「오하아몽」이라고 한다. 「아몽」의 아(阿)는 중국 사람들이 흔히 이름 앞에 붙여 부르는 애칭이다. 또 여몽의 그와 같은 말에서 몰라볼 정도의 발전을 한 것을 보고 「괄목상대(刮目相待 : 括目相對)」할 정도라고 말한다.

❼ 與噲等伍 (여쾌등오) 与哙等伍

더불어 **與** 목구멍 噲 가지런할 **等** 대오 **伍**

「번쾌(樊噲)와 더불어 나란히 있다니」라는 말로서, 한(漢)나라 창업 공신 한신(韓信)이 살아 있을 때 번쾌와 어깨를 나란히 하였다 하여 한탄한 말로서, 평범한 인물 또는 벗으로 사귐을 부끄럽게 여김을 비유해 이르는 말이다.

「쾌오(噲伍)」라고도 한다.

한 고조(高祖) 유방이 천하를 통일 한 후에, 한나라 창업에 지대한 공을 세워 초(楚)나라 왕으로 봉한 한신이 모반을 꾀한다는 고발이 들어왔다. 이에 한고조는 지방을 순시한다고 속여 한신을 붙잡고 초나라 왕에서 회음후(淮陰侯)로 강등시켜 목숨은 부지하게 하였다.

한신은 한왕 유방이 자기의 재능을 두려워하고 미워하는 것을 눈치채고 언제나 병을 핑계로 조회에 나가지 않고 수행하지도 않았다. 한신은 이로부터 날마다 고조를 원망하며 불만을 품고 강후(絳侯) 주발(周勃)이나 관영(灌嬰) 등과 같은 동급의 자리에 있는 것을 부끄럽게 여겼다.

한번은 한신이 번쾌의 집에 들른 적이 있었다. 번쾌가 무릎을 꿇고 절하면서 마중하고 배웅하였고, 또 한신 앞에서 자신을 신(臣)이라 칭하면서 말했다.

「대왕께서 신의 집까지 왕림해 주셨군요」

한신은 문을 나와 쓴웃음을 지으며 말했다.

「살아생전에 번쾌와 같은 반열이 되었다니!(生乃與噲等為伍)」

8 愚蒙等誚

우몽등초

愚蒙等诮

어리석을 **愚** 어릴 **蒙** 같을 **等** 꾸짖을 誚

적고 어리석어 몽매(蒙昧)함을 면치 못함.

「홀로 배워서 보고 듣는 것도 적으니, 어리석고 아둔해서 꾸짖음을 들을 만하다(孤陋寡聞 愚蒙等誚)」

《천자문》에 있는 말이다.

외롭고 고루(固陋)하며 견문이 적으면, 몽매(蒙昧)한 자와 같아서 남에게 꾸지람을 듣는다. 사람이 배울 때 자기 홀로 이룬 비루(鄙陋)한 지식과 견문으로는 무지하다는 비방을 면치 못할 것이다.

자기만의 좁은 지식을 떠나서 허심, 겸허하게 남의 의견을 듣고 나아가 하늘의 소리까지도 들을 줄 알아야 하며, 항상 상대방에게 배운다는 자세가 필요하다.

사람은 고루과문을 벗어나기 위해 남의 글을 많이 배워 견문을 넓혀서 우물 안 개구리를 벗어나야 하며, 그렇지 못하면 결국 남에게 푸대접을 받는다.

125. 謂語助者 焉哉乎也 谓语助者 焉哉乎也

위어조자 언재호야

❶ 謂(위) 語(어) 助(조) 者(자)

❷ 言(언) 語(어) 道(도) 斷(단)

❸ 揠(알) 苗(묘) 助(조) 長(장)

❹ 逐(축) 鹿(록) 者(자) 不(불) 見(견) 山(산)

❺ 割(할) 鷄(계) 焉(언) 用(용) 牛(우) 刀(도)

❻ 天(천) 何(하) 言(언) 哉(재)

❼ 不(불) 亦(역) 說(열) 乎(호)

❽ 兵(병) 死(사) 地(지) 也(야)

풀이

❶ 謂語助者 (위어조자)

谓语助者　이를 **謂** 말씀 **語** 도울 **助** 놈 **者**

「문장의 토씨라고 일컫는 焉·哉·乎·也의 구실쯤은 내 천자문이 할 것이다(謂語助者 焉哉乎也)」

《천자문》에 있는 말이다.

문자에는 실자(實字)와 허자(虛字)가 있으니, 허자가 없어서는 안 된다. 기두(起頭)하고 끝맺으며 승접(承接)하는 즈음에 연결하여 글을 만드는 것이니, 곧 이른바 「어조사」란 것이다.

말의 뜻을 도와 말을 만드는 데 쓰이는 어조(語助)라고 일컫는 글자에는 焉·哉·乎·也 등이 있다. 어조사는 실질적인 뜻이 없고 다만 다른 글자의 보조로만 쓰이는 것이다. 허자(虛字), 허사(虛辭), 어조사라고 부르기도 한다.

그러나 글귀를 성립시키고 말을 만들어 나가는 데 없어서는 안되는 글자들이 곧 언·재·호·야 등의 글자인 것이다.

「어찌 그럴까?」하는 의문에서 시작하여 「아, 그렇구나!」

그 다음은 「그렇지 아니한가?」 동의를 구하고, 그렇지! 하는 탄복으로 결론을 내림은 인간의 공부하는 도리를 설명한 것이다.

이 밖에도 於·于·者·則(어우자즉)이나 而·耶·歟·矣(이야여의) 등도 있다.

❷ 言語道斷(언어도단) 言语道断 말씀 **言** 말씀 **語** 길 **道** 끊을 **斷**

말할 길이 끊어졌다는 뜻으로, 어이가 없어서 말하려 해도 말할 수 없음을 이르는 말. 「말이 안 됨」으로 순화.

《영락경(瓔珞經)》에 있는 말이다.

「언어도단」은 불교에서 말하는 「언어도단심행처멸(言語道斷心行處滅)」의 줄임말로서, 「말의 길이 끊어지고 마음 가는 곳이 없어진다」는 말이다. 곧 절대의 깨달음의 세계를 표현하는 데 쓰이는 말로, 언어에 의해서 표현할 수도, 사고로 생각하여 짐작할 수도 없다는 의미이다.

「심행처멸(心行處滅)」은 마음의 작용이 미치지 못하는 절대경계의 본체심(本體心), 곧 「사량분별(思量分別)」이 끊어진 경계를 말한다.

선(禪)의 특징이 언어를 넘어서는 데 있다. 불가에서는 「이심전심」이나 불립문자(不立文字 : 불도의 깨달음은 마음에서 마음으로 전하는 것이므로 말이나 글에 의지하지 않는다는 말)를 통해 언어로는 사물의 있는 그대로의 모습인 진여(眞如)의 묘체를 전할 수 없다고 한다. 이때 전한다는 것은 대상이 이해할 수 있는 방식으로, 즉 언어로 옮겨준다는 의미이다.

《노자 도덕경》 첫머리에 나오는 유명한 구절이다.

「도를 도라고 말하면 그것은 늘 그러한 도가 아니다(道可道非常道)」 그러므로 궁극적인 깨달음은 언어에 얽매이지 않고 스스로 깨쳐야 한다고 주장한다.

❸ 揠苗助長 (알묘조장) 揠苗助长 뽑을 **揠** 싹 **苗** 도울 **助** 성장할 **長**

곡식이 빨리 자라도록 하려고 이삭을 뽑아 올린 때문에 모두 죽어 손해를 보게 된다는 뜻으로, 성급하게 이익을 보려다가 도리어 해를 보게 되는 일을 두고 하는 말.

바람직하지 않은 일을 더 심해지도록 부추김.

「조장(助長)」이라고 한다.

「조장」은 글자가 나타내고 있는 것과는 다른 뜻을 지니고 있다. 흔히 「조장시킨다」는 말을 쓰곤 하지만, 대개의 경우 좋지 못한 결과를 가져오게 만든다든가, 혹은 그 자체가 옳지 못한 것을 부추기거나 눈감아 주는 따위를 말하게 된다.

아무튼 조장이란 말을 좋은 경우에 쓰지 않는 것은, 그 글자가 지니고 있는 뜻 이외에 다른 뜻이 있기 때문이다. 이 말은 《맹자》 공손추 상에 있는 유명한 호연장(浩然章)에 나오는 말이다.

공손추가 맹자에게 물었다.

「선생님께서 만약 제나라의 경상(卿相)이 되어 정치적으로 성공한다면, 그 때도 선생님께서는 마음을 움직이시지 않겠습니까?」

「나는 40이 넘어서부터는 더 마음이 움직이지 않는다. 유혹에도 넘어가지 않는다」

여기서 맹자는 부동심(不動心)을 설명했다.

「선생님의 부동심은 어떠한 장점을 가지고 계십니까?」

「말을 알아듣는 일과 호연지기(浩然之氣)를 기르는 데 있다」

여기서 맹자는 「호연지기」에 대해 설명하고 이 기풍을 기르는 방

맹 자

법에 대하여 명쾌하게 대답했다. 물이 흐르는 듯한 일문일답이었다. 맹자는 계속했다.

「호연지기를 기르는 데 있어서는 그 행하는 바가 다 도의(道義)에 어긋나지 않아야 하지만, 정기(正氣), 즉 기(氣)만을 목적으로 길러서는 안된다. 그렇다고 해서 양기(養氣)의 방법을 전혀 무시해서도 물론 안된다. 송(宋)나라 사람처럼 서둘러서 억지로 돕는 일을 해서도 안된다(心勿忘 勿助長也)」(마음의 도의가 생장함에 따라 서서히 길러 갈 필요가 있다.)

맹자는 송나라 사람의 예를 들어 「조장」이란 말을 설명하게 된다. 송나라에 어떤 사람이, 자기 집 곡식이 무럭무럭 자라나지 않는 것이 안타까워, 대궁을 하나하나 뽑아 올려 길게 만들고 집으로 돌아와 자기 집 식구들을 보고 이렇게 말했다.

「오늘은 정말 피로하다. 곡식이 자라는 것을 내가 도와주었거든」

아들이 듣고 깜짝 놀라 밭으로 달려가 보았더니 곡식은 벌써 다 말라 있었다는 것이다. 맹자는 이 이야기 끝에,

「천하에 곡식이 자라나는 것을 억지로 돕는 것 같은 일을 하지 않는 사람이 드물다. 돕는 것이 아무 소용이 없다 해서 버려두는 사람은 김을 매 주지 않는 사람이고, 자라는 것을 돕는 사람은 싹을 뽑아 올리는 사람이다. 유익함이 없을 뿐만 아니라 도리어 해를 끼치게 된다」 하고

조장이 게으름을 피우는 이상의 나쁜 결과를 가져오는 것을 다시 한 번 강조하고 있다.

이 세상의 모든 시끄러운 일들을 가만히 분석해 보면 어느 것 하나 이 조장의 결과가 아닌 것이 없을 것 같다. 그래서 차라리 내버려두라는 「무위자연(無爲自然)」의 사상이 대두되는 것이리라.

❹ 逐鹿者不見山

축록자불견산 逐鹿者不见山

쫓을 **逐** 사슴 **鹿** 사람 **者** 볼 **見** 뫼 **山**

큰 것에 뜻이 있는 사람은 사소한 일에 구애되지 않는다.

「짐승을 쫓는 사람은 눈이 태산을 보지 못한다. 왜냐하면 욕심이 밖에 있으면 밝은 것이 가려지기 때문이다(逐獸者不見太山 嗜欲在外 則明所蔽矣)」라고 했다. 짐승을 잡으려고 산에 들어간 사람은 짐승에만 생각이 가 있어서 산이 눈에 보이지 않는다. 욕심에 눈이 어두워 있기 때문이다.

또 이와는 반대로 같은 《회남자》 설림훈편에,

「사슴을 쫓는 사람은 토끼를 돌아보지 않고, 천금의 물건을 흥정하는 사람은 몇 돈 몇 냥의 값을 놓고 다투지 않는다(逐鹿者不顧兎 決千金之貨者不爭銖兩之價)」라고 했는데, 결국 큰 것에 뜻이 있는 사람은 사소한 일에 구애되지 않는다는 뜻이다.

여기서 「축록자 불고토(逐鹿者 不顧兎)」란 말이 나왔다. 또 《허당록(虛堂錄)》에는, 「사슴을 쫓는 사람은 산을 보지 못하고, 돈을 덮치는 사람은 사람을 보지 못한다」고 했다. 특히 황제의 자리를 다투는 것을 가리켜 축록이라고 하는 것은 《사기》 회음후열전에서 괴통이,

「……진나라가 그 사슴을 잃은지라 천하가 함께 쫓았다……」 리고 했는데, 여기서 말한 사슴은 곧 황제의 자리란 뜻이다.

당나라 위징(魏徵)의 시에도, 「중원이 아직 사슴을 쫓아 붓을 던지고 융헌을 일삼는다」 라고 한 구절이 있다.

중원은 천하를, 융헌은 병사(兵事)를 뜻한다. 천하가 어지러워 전쟁을 일삼고 있다는 뜻이다. 여기서 정권을 다툰다는 뜻으로 쓰이는 「중원축록」 이란 성구도 나왔다.

❺ 割鷄焉用牛刀 (할계언용우도)

割鷄焉用牛刀

나눌 **割** 닭 **鷄** 어찌 **焉** 쓸 **用** 소 **牛** 칼 **刀**

「할계(割鷄)에 언용우도(焉用牛刀)리오」 라고 해서 「닭을 잡는 데 어떻게 소 잡는 칼을 쓸 수 있겠느냐」 하는 말이다. 작은 일을 처리하는 데 위대한 사람의 힘을 빌릴 필요는 없다는 비유로 쓰인 말이다.

자 유

《논어》 양화편에 있는 공자와 공자의 제자 자유(子遊)와의 사이에 오고간 말 가운데 나오는 말이다.

자유가 무성(武城) 원으로 있을 때다. 공자는 몇몇 제자들과 함께 무성으로 간 일이 있다. 고을로 들어서자 여기저기서 음악소리가 들려왔다. 그 음악소리가 아주 공자의 마음을 흡족하게 해주었던 모양이다. 자유는 공자에게 무위자연(無爲自然)의 정치사상을 배운 사람이기도 했다. 《예기》 예운편에 나오는 공자의 대동사상(大同思想)도 공자가 자유에게 전한 말이다.

공자묘

예(禮)는 자연의 질서를 말한다. 인간 사회의 질서를 법으로 강요하지 않고, 자연의 도덕률에 의해 이끌어 나가는 것이 예운(禮運)이다. 자유는 음악으로 사람의 마음을 순화시켜 자발적으로 착한 일에 힘쓰게 만드는 그런 정책을 쓰고 있었던 것 같다. 공자는 그 음악소리에 만족스런 미소를 띠며, 「닭을 잡는 데 어찌 소 잡는 칼을 쓰리오(割鷄焉用牛刀)」 하고 제자들을 돌아보았다.

이 말은, 조그만 고을 하나를 다스리는 데 나라와 천하를 다스리기에도 충분한 예악(禮樂)을 쓸 것까지야 없지 않느냐는 뜻으로 재주를 아까워하는 한편, 그를 못내 자랑스럽게 생각한 데서 나온 말이다.

자유가 공자의 이 말이 농담인 줄을 몰랐을 리는 없다. 그러나 스승의 말씀을 농담으로만 받아넘길 수도 없는 일이다. 그래서 자유는,

「선생님께서 일찍이 말씀하시기를, 『군자는 도를 배우면 사람을 사랑하게 되고, 소인은 도를 배우면 부리기가 쉽다』 고 하셨습니다」 하고 비록 작은 고을이나마 최선을 다하는 것이 도리일 줄 안다는 뜻을 말했다.

군자나 소인에게나 다 같이 도가 필요하듯이, 큰 나라나 작은 지방이

나 다 그 나름대로 예악이 필요하지 않겠습니까 하는 대답이다. 공자도 자유가 그렇게 나오자, 농담이었다는 것을 말하지 않을 수 없었다. 그래서 제자들을 다시 돌아보며,

「자유의 말이 옳다. 아까 한 말은 농담이었느니라」 하고 밝혔다.

❻ 天下言哉(천하언재) 天何言哉 하늘 **天** 어찌 **何** 말씀 **言** 어조사 **哉**

하늘이 말을 하더냐! 하늘은 아무 말도 하지 않지만 도는 행한다.

「천하언재」는 「하늘이 무슨 말을 하겠느냐」 라는 뜻이다. 이 말은 여러 가지 의미로 쓰일 수 있다.

「하늘이 어떻게 말을 할 수 있겠느냐. 귀로 들으려 하지 말고 마음으로 생각해서 알아라」 하는 뜻도 될 수 있고, 「하늘이 무슨 말을 하더냐. 그래도 다 할 일을 하고 있다」 라는 뜻도 될 수 있으며, 또 그 밖에도 달리 해석될 수 있다.

이것은 공자가 한 말이다. 《논어》 양화편에 보면 공자가 하루는 자공이 듣는 앞에서, 「나는 이제 말을 하지 말았으면 한다(予欲無言)」 하고 혼잣말처럼 했다.

자공이 가만있을 리 만무했다.

「선생님께서 말씀을 하지 않으시면 저희들이 무엇을 배울 수 있습니까?」 하고 묻자 공자는,

「하늘이 어디 말을 하더냐. 사시(四時)가 제대로 운행되고 온갖 물건들이 다 생겨나지만, 하늘이 어디 말을 하더냐(天何言哉 四時行焉 百物生焉 天何言哉)」 하고 대답했다.

자공의 공부가 이제 말 없는 가운데 진리를 깨달아야 할 단계에 이르렀기 때문에 공자는 이 같은 말을 했을 것이다.

그러나 한편 공자의 이 말은 하늘과 같은 경지에 있는 자신의 심경을 말한 것으로도 볼 수 있다.

❼ 不亦說乎(불역열호) 不亦說乎 아닐 **不** 또 **亦** 기쁠 **說** 어조사 **乎**

「배우고 때에 맞추어 익히니 즐겁지 아니한가(學而時習之不亦說乎)」

《논어》 첫 구절이 「학이시습지불역열호(學而時習之不亦說乎)」이다.

《논어》 학이(學而)편에 있는 말이다.

이 말은 당연히 학문의 즐거움을 말하는 것임에는 틀림없다.

공자께서 말씀하신 學은 보다 광범위한 배움을 말하는 것이지만, 「무지로부터의 탈출」이며 「미지의 새로움에 대한 끊임없는 동경」이라 할 수 있다.

무지로부터의 탈출! 무지의 반대쪽에 있는 말이 지혜다. 무지한 상태의 삶과 지혜로운 삶은 그 값어치가 천양지차다.

세상 이치에 밝지 못하여 여러 가지 불협화음이 일어난다. 물론 지식만 쌓여도 지혜롭지 못한 경우도 허다하지만, 일단 많이 배우는 것이 세상 살아가는 데 유리하다.

배울 뿐만 아니라 늘 바르게 익혀서 지혜로운 삶을 살아가야겠다.

❽ 兵死地也

병 사 지 야

兵死地也 군사 **兵** 죽을 **死** 땅 **地** 어조사 **也**

전쟁은 죽느냐 사느냐가 걸린 곳이다.

병(兵)은 여러 가지 뜻이 있다. 군대란 뜻과 무기란 뜻, 전쟁이란 뜻도 있다. 여기서는 전쟁이란 뜻이 강하다. 그러나 전부를 합친 것으로 보는 것도 좋을 것 같다. 그것이 한자의 특색이다. 즉 군대니 전쟁이니 하는 것은 죽느냐 사느냐 하는 문제가 걸려 있는 곳이란 뜻이다.

마복군 조사

전국시대 말기 조(趙)나라에 조사(趙奢)라는 명장이 있었다. 조사는 원래 세무관리였다. 식객을 3천이나 거느린 유명한 사군(四君) 중의 한 사람인 평원군(平原君)이 세금을 내지 않았다. 조사가 독촉을 했으나 아랫사람이 평원군의 세도를 믿고 이를 거부했다. 조사는 법으로 그들을 다스렸다. 국법을 어기고 조세를 횡령했다는 죄목으로 아홉 사람을 처형했다. 왕의 친동생이었고 또 재상이었던 평원군은 조사의 방약무인한 태도에 분노를 참을 수가 없어 당장 조사를 잡아다가 물고를 내려고 했다.

조사는 성난 평원군에게 태연한 모습으로 이렇게 말했다.

「조나라의 공자이신 군께서 나라의 법을 시행치 않는다면 법은 곧 그 권위를 잃게 됩니다. 법이 권위를 잃으면 나라는 곧 약해지고 맙니다. 나라가 약해지면 제후들이 곧 침략해 올 테니 그때는 조나라는 없어져버립니다. 그때 군께서는 오늘의 부귀를 어떻게 누릴 수 있겠습니까?」

원래 도량이 넓기로 유명한 평원군은 곧 잘못을 사과하고, 그를 나라의 세금을 맡아 다스리는 장관으로 추천했다. 조사가 장관이 되는 그날로 권문세가의 탈세행태가 일소되고, 가난한 백성들에 대한 세금이 훨씬 가벼워지며 국고 수입은 훨씬 늘게 되었다.

그 뒤 진나라가 한나라를 치기 위해 조나라 알여(閼與)로 침입해 왔다. 조왕은 염파를 비롯하여 많은 대장 대신들을 모아놓고 차례로 알여를 구원할 수 있느냐고 물었다. 모두 길이 멀고 좁고 험해서 구원하기 어렵다고 대답했다. 그러나 조사만은 이렇게 대답했다.

「길이 멀고 좁고 험하다는 것은 비유하면 두 쥐가 구멍 안에서 싸우는 것과 같은 것으로 용맹한 쪽이 이기기 마련입니다」

그래서 왕은 조사를 대장으로 임명하여 알여를 구원하게 했다. 조사는 여기에서 강한 진나라 군사를 맞아 크게 승리를 거둠으로써 일약 천하에 명성을 떨치게 되었고, 돌아와 재상과 동급인 지위에 오르게 되었다.

그런데 조사에게는 조괄(趙括)이라는 아들이 있었다. 어릴 때부터 병서를 좋아해서 아버지 조사와 병법을 놓고 토론을 하면 조사가 항상 이론에 밀리곤 했다. 그러나 한 번도 아들을 칭찬하는 일이 없었다. 그 부인이 까닭을 묻자 조사는 이렇게 말했다.

「전쟁은 죽는 곳이다. 그런데 괄은 그것을 쉽게 말하고 있다(兵死地也 而括易言之). 조나라로 하여금 괄을 대장으로 임명하지 않도록 하면 다행이거니와, 만일 기어코 대장으로 임명한다면 조나라 군사를 패하게 만들 사람은 괄이 될 것이다」

조나라 40만 대군이 생매장된 장평대전

조사가 죽고 진나라가 다시 침략해 왔을 때, 조나라 왕은 조괄의 어머니의 반대 호소를 듣지 않고 그를 대장으로 임명했다. 과연 괄은 조사의 예언대로 크게 패했다. 조나라 군사 40만이 떼죽음을 당하고 조나라는 멸망의 길을 재촉하게 되었다.

책에서 배운 지식을 가지고 아는 체하는 사람 치고 실질적인 사업 면에 어둡지 않은 사람이 없는 것도 이런 이치에서일 것이다.

(*여기에 게재된 모든 고사성어는 명문당 간 《컬러판 고사성어대사전》에서 추록한 것이다.)

— 千字文나무 ⑩ 끝 —

색인

고사성어가 열리는

천자문 나무 ⑩

★

초판 인쇄일 / 2016년 11월 02일

초판 발행일 / 2016년 11월 07일

★

엮은이 / 팬더 컬렉션

펴낸이 / 김동구

펴낸데 / 明文堂

창립 1923. 10. 1

서울특별시 종로구 윤보선길 61(안국동)

우체국 010579-01-000682

☎ (영업) 733-3039, 734-4798

(편집) 733-4748 FAX. 734-9209

H.P. : www.myungmundang.net

e-mail : mmdbook1@hanmail.net

등록 1977. 11. 19. 제 1-148호

★

ISBN 979-11-85704-89-0 04910

ISBN 979-11-85704-48-7 04910 set

★

낙장이나 파본은 구입하신 서점에서 교환해 드립니다.

★

값 12,000원

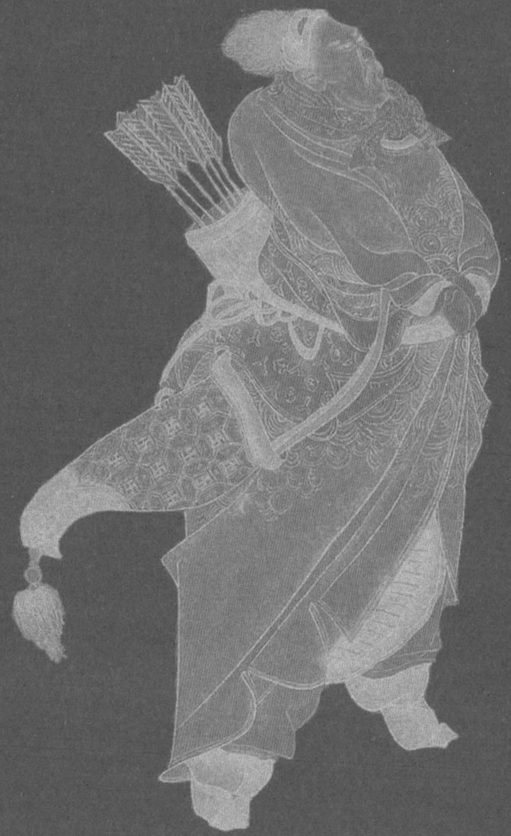